尚游旅图

醉美中国行

星球地图出版社《尚游旅图》编委会◎编著

星球地图出版社
STAR MAP PRESS

图书在版编目（CIP）数据

醉美中国行 / 星球地图出版社编著 . ―― 北京 ：星
球地图出版社，2015.3
ISBN 978-7-5471-2079-8

Ⅰ．①醉… Ⅱ．①星… Ⅲ．①旅游指南－中国 Ⅳ.
① K928.9

中国版本图书馆 CIP 数据核字 (2015) 第 041769 号

醉美中国行

作　　者	星球地图出版社《尚游旅图》编委会
策　　划	游永勤
责任编辑	游永勤
封面设计	弓　洁
出版发行	星球地图出版社
地址邮编	北京北三环中路 69 号　　　　100088
网　　址	http ://www.starmap.com.cn
印　　刷	廊坊一二〇六印刷厂
经　　销	新华书店
开　　本	710毫米 ×1000毫米　　1/16
印　　张	10
版次印次	2024 年 4 月修编第 1 版　 2024 年 7 月第 3 次印刷
定　　价	38.00 元
审 图 号	GS京（2024）0595 号

　　光阴蹉跎，世界喧嚣，想想因为我们的懒惰，总想着来日方长，竟至那么多的旅行计划未见实行！如果哪一天我们只是埋头于人生中的种种事务，不再有兴致扒着车窗看沿途的风光，倾听内心的音乐，那时候我们就真辜负了人生这一趟美好的旅行。

　　学会随遇而安，走走停停，背上简单的行李去旅行，美景不仅仅是目的地，不要害怕错过什么，因为在路上你就已经收获了自由的好心情。不要贪婪，不要走马观花，旅行也不仅仅是目的地，在路上感受沿途的那些人那些事，那些曾经发生在这片土地上的点点滴滴。要知道，当你走出去的时候你已经获得自由，只需尽情享受。

目 录

图 例

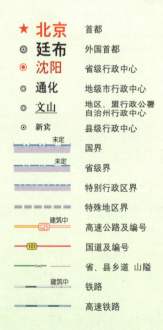

★ 北京	首都
◎ 廷布	外国首都
◉ 沈阳	省级行政中心
◎ 通化	地级市行政中心
◎ 文山	地区、盟行政公署自治州行政中心
⊙ 新宾	县级行政中心
未定	国界
未定	省级界
	特别行政区界
	特殊地区界
建筑中 925	高速公路及编号
101	国道及编号
	省、县乡道 山隘
建筑中	铁路
	高速铁路

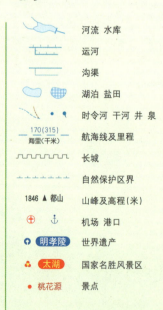

	河流 水库
	运河
	沟渠
	湖泊 盐田
	时令河 干河 井泉
170(315) 海里(千米)	航海线及里程
	长城
	自然保护区界
1846 ▲ 都山	山峰及高程(米)
⊕ ⚓	机场 港口
⚓ 明孝陵	世界遗产
♻ 太湖	国家名胜风景区
● 桃花源	景点

北京

北京市简称京。是中华人民共和国首都，中央直辖市。地处我国华北平原的北端。三面与河北省相邻，东南同天津市毗连。全市面积1.70万平方千米。人口1374万，有汉、回、满、蒙古等民族。市辖16个区。

大约在50万年前，北京周口店就出现了最初的人类，这就是举世闻名的"北京人"。琉璃河商周遗址的发掘，使北京作为都城的历史从辽金时代上推到3000年前的西周初年。元朝兴建了新都城，命名大都。1403年，明成祖朱棣改北平为北京，并于1421年正式在这里建都，北京的得名就是从这时开始的。清朝继续定都北京。1912年民国北洋政府成立于北京。1928年国民政府定都南京后改设为北平特别市。1930年改称北平市。1949年1月31日，北平

和平解放；10月1日，中华人民共和国成立，北平市改称北京市。

地理地形

西部和北部是连绵不断的群山，东南为一片逐渐低缓的平原。山地约占全市面积的62%，海拔500～1500米。平原约占总面积的38%，平均海拔44米。西部为西山，属太行山脉，由一系列东北—西南向的平行山脉组成。东灵山为境内最高峰，海拔2303米。北部山地属燕山山脉，是重要的天然屏障。主要河流有永定河、潮白河、北运河、拒马河、泃河，均属海河水系，永定河为最大河流，斜贯本市西南部，向东南流至天津市入海河。潮白河上游有北京市最大的密云水库，下游经潮白新河入海。北运河流经天津市与永定河汇合。

交通概览

北京是全国交通中心。

铁路：有京广、京沪、京哈、京包、京原、京承、京秦、京九等干线和京广、京沪、京津等客运专线，北京同大陆的直辖市、省会和自治区首府都有直达列车相通。

公路：有十多条国道线通往全国各地；有京哈、京沪、京台、京港澳、京昆、京藏、京新、大广及首都机场、五环、六环等高速公路。

民航：首都国际机场可飞往全国近百个城市，开通国际和地区航线航班60多条。

风景名胜

北京是我国七大古都之一、国家历史文化名城，也是全国最重要的旅游热点城市之一。八达岭—十三陵、石花洞为国家重点风景名胜区。长城、故宫、周口店北京猿人遗址、颐和园、天坛、明清皇家陵寝（明十三陵）列入世界文化遗产。天安门和圆明园遗址、北海公园、中山公园、香山公园等为著名景点。

■ **天安门和天安门广场**：天安门位于北京中心。总高33.7米的天安门城楼金碧辉煌，举世闻名，是新中国、新北京的象征。门楼前、后各有一对石狮和汉白玉华表，门前有金水河，河上有7座用汉白玉修成的金水桥，桥南的天安门广场是我国也是世界上最大的广场。

■ **故宫**：位于北京旧城中心。旧称紫禁城，为明、清两代的皇宫，是国内外现存最大最完整的帝王宫殿群。始建于明永乐四年（1406年），占地72万多平方米，有屋宇9000余间，宫墙长约3.4千米，四角矗立风格绮丽的角楼，墙外有宽52米的护城河环绕，形成一个森严壁垒的城堡。建筑气势雄伟，豪华壮丽，并存有大量珍贵文物。

■ **八达岭长城**：位于北京西北延庆区境内，古代是北京的西北屏障。东起山海关，西迄嘉峪关，蜿蜒6700千米的长城经此。明代在岭口建城关一座，设东、西两门，一

名"北门锁钥",一名"居庸外镇"。由城关登上长城,只见长城如长龙盘山,气势磅礴,景色十分壮观。墙身高大坚固,用花岗岩条石和城砖构筑,高约6～7米,顶宽约4～5米,可十人并行,五马并骑。

■**十三陵**:位于北京西北约44千米的昌平区天寿山下小盆地中,因有十三处明代皇帝陵墓得名。各陵除面积大小、建筑繁简有异外,其建筑布局、规制等基本一致。平面均呈长方形,后面有圆形(或椭圆)的宝城。建筑自石桥起依次分列陵门、碑亭、祾恩门、祾恩殿、明楼、宝城等。已发掘展出的定陵地宫,由前、中、后、左、右五个殿组成,总面积1195平方米。

■**周口店北京猿人遗址**:位于北京西南约50千米的房山区周口店村龙骨山上。1929年在山上洞穴内首次发现北京猿人第一个头盖骨,随后又发现大量石器和用火遗迹,经测定这是距今约70万年至23万年前古人类的遗迹。龙骨山猿人洞是北京猿人的栖身之所,他们断断续续地在洞里居住约30万年之久。在北京猿人洞穴上方靠近山顶的山洞里,还有距今1.8万年前的原始黄种人(称山顶洞人)的遗迹。

■**颐和园**:位于北京西北郊,是一座驰名中外的古代皇家园林。由万寿山、昆明湖等组成,有各种形式宫殿园林建筑3600余间,大致可分勤政、寓居、游览等三个活动区域。游览区主要有万寿山前建筑群、昆明湖、后湖诸景。

■**天坛**:天坛始建于明永乐18年(1420),时名天地坛。嘉靖9年(1530),立四郊分祀制度,于嘉靖13年更名为天坛。后来经乾隆、光绪两代重修改建,形成今天的格局。是明清两代帝王孟春祈谷、夏至祈雨、冬至祭天的圣地,是我国现存规模最大的坛庙建筑群,占地272万平方米,面积比紫禁城还大。天坛实际上是圜丘坛(天坛)和祈谷坛(祈年殿)的总称。圜丘坛在南,祈谷坛在北,两坛中间有一个皇穹宇。丹陛桥(神道)把这三个建筑贯穿起来,两重垣墙,形成内外坛,垣墙北圆南方,象征天圆地方。天坛在世界建筑艺术史上占有崇高的

北京

八达岭长城

颐和园

明十三陵

延庆桂化木

燕山天池

白河堡水库
白河堡

龙庆峡

海坨山
2241

松山

延庆

凤凰顶
莲花山

青龙潭

黑龙潭

黄花城水库

国际狩猎场

八达岭长城

长城

十三陵

居庸关

虎峪

九龙游乐园 桃花

枫岭口水库

北方国际射击场

白羊沟

昌平

航空博物馆

笔架山长城

白瀑寺

娘娘庙

菩萨山

妙峰山

鹫峰

大觉寺

大悲岩观音寺

龙门涧

沿河城

珍珠湖

柏峪民俗度假村

明清山庄

樱桃沟自然风景区

稻香湖公园

卧佛寺

京西十八潭

香山

碧云寺

法海寺

东灵山
2303 灵山

洪水民俗村

石景山游乐园

门头沟

潭柘寺

天门山

颐和园

海淀

故宫

北京

小五台山

戒台寺

北宫

圣米石塘

百花山

石花洞

姚广孝墓

百草畔

金陵皇陵群遗址

凤凰

银狐洞

世界公园

海洼狩猎场

天龙山庄

貔云岭

云水洞

上方山

周口店北京猿人遗址

房山

五合民俗村

石经山

十渡

蒲洼乡

云居寺

万景仙沟

南方大峡谷

张坊古战道

商周遗址

北京野生动物园

涿州

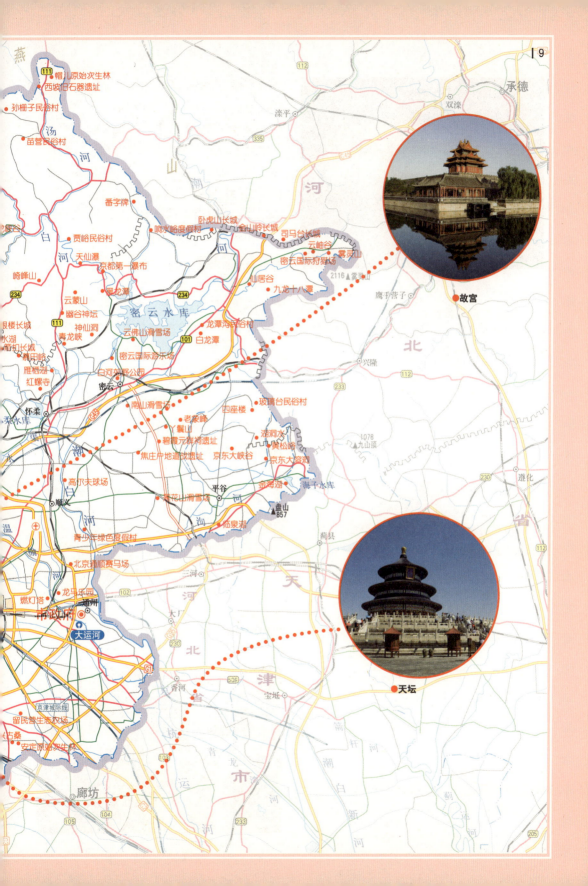

燕

⑪帽儿原始次生林
●西坡旧石器遗址

●孙栅子民俗村

●苗营民俗村

汤

河

山

●番字牌

卧虎山长城 金山岭长城

●贾峪民俗村 响水峪度假村 司马台长城

河 ●云岫谷 雾灵山

●天仙瀑 密云国际狩猎场

京都第一瀑布

●崎峰山 黑龙潭 山居谷 2116▲雾灵山

234 ●云蒙山 九龙十八潭 鹰手营子

111 ●幽谷神坛 234

良楼长城 神仙洞 龙潭海民俗村

水湖 ●青龙峡 云佛山滑雪场

南口长城 密云国际游乐场 101 白龙潭

慕田峪 白河峡谷公园

雁栖湖

红螺寺 密云

怀柔 南山滑雪场 四座楼

怀水库 老象峰 玻璃台民俗村

鳌山 湖洞水

碧霞元君祠遗址 黄松峪

焦庄户地道战遗址 京东大峡谷

高尔夫球场 京东大溶洞

平谷 金海湖

顺义 桃花山滑雪场 海子水库

盘山

青少年绿色度假村 857

临泉湖

北京通顺赛马场 天

龙马乐园 102 河

燃灯塔 通州

市政府 山

大运河

海

230

京津城际线 G1

留民营生态农场 津

佑桑 香河 宝坻

安定原始次生林 省

廊坊 市

104

105 233

北

河

北

省

112

双滦 承德

滦平

112

335

兴隆

233

1078
▲九山顶

230

遵化

112

●故宫

●天坛

205

地位，中外无匹。

■奥林匹克公园： 有水立方、鸟巢、玲珑塔等标志性景观，还包括奥林匹克森林公园，每当夜色初上，水立方光彩变幻，鸟巢红光闪闪，还有大型的音乐喷泉表演，欢快热闹，极具现代都市动感气息。

■什刹海： 是最具京味儿的平民乐园。以银锭桥为核心，由什刹海、后海和西海三个相连的湖泊组成，被誉为"北方的水乡"。什刹海周边保留了大量典型的胡同和四合院。

■石花洞： 位于房山区南车营村，距北京城区50千米。洞体分为上下七层，已开放的有一、二、三层，可游览长度约2500米，洞内景观类型繁多，是我国北方最大的岩溶洞穴旅游胜地。

■司马台长城： 以司马台水库为界分为东西两段，其主要特点是惊、险、奇；以索桥为界，分为"天桥"和"天梯"两段，被称作"险中之险"。另外还有空中长城、天池、鸳鸯湖等奇景。

■潭柘寺： 始建于西晋，有"皇家第一寺院"的美誉。寺院坐北朝南，背倚宝珠峰，周围有9座高大的山峰呈马蹄形环护，犹如在9条巨龙的拥立之下。整个建筑群充分体现了中国古建筑的美学原则，以一条中轴线纵贯当中，左右两侧基本对称。

■云居寺： 是著名的佛教寺院，现存五大院落六进殿宇。寺内珍藏的石经、纸经、木版经号称三绝。寺旁石经山的9个藏经洞，存放刻经石板14278块，因而被誉为"北京的敦煌"，云居寺不仅藏有佛教三绝与千年古塔，而且珍藏着令世人瞩目的佛祖舍利。

─特色产品─

特种工艺品中，景泰蓝（铜掐丝珐琅）驰名世界。绢花、牙雕、雕漆、地毯等产品都有浓郁的地方特色。果品以京白梨、密云金丝小枣、大磨盘柿、核桃、板栗、鸭梨等品质最优。北京蜜饯果脯、茯苓夹饼、六必居酱菜、红虾酥糖、豆面酥糖等是名扬四海的馈赠佳品。北京烤鸭蜚声中外。购名家字画、文房四宝、地道中药，最属北京相宜。

─风味美食─

京味小吃的代表有豆汁儿、豆面酥糖、酸梅汤、茶汤、小窝头、茯苓夹饼、果脯蜜饯、冰糖葫芦、艾窝窝、豌豆黄、驴打滚、灌肠、爆肚、炒肝等。在前门、王府井、护国寺、后海、牛街等可以吃到比较正宗的老北京小吃。还有比如簋街、三里屯、工体、中关村、CBD，这些地方汇集了很多北京及各国的特色美食。

美食推荐去处：

全聚德前门店：东城区前门大街30号。
东来顺（大栅栏店）：西城区大栅栏街7号。

天津

人文历史

　　天津市简称津。地处华北平原东北部，海河流域下游。东临渤海，与山东、辽东两半岛相望，北依燕山，与河北省、北京市相邻。全市面积1.2万余平方千米。人口1082万，有汉、回、朝鲜、满、蒙古等民族。市辖16个区。

　　天津是首都门户、华北经济中心和北方重要口岸城市之一。金时称直沽。元朝设为海津镇。明代永乐初置天津卫。清雍正年间改天津卫为直隶州，后升为天津府，并设天津县为府治。1928年设天津特别市，1930年改称天津市。

地理地形

　　全境地势北高南低。绝大部分属华北平原，由海河挟带的泥沙冲积而成，自北向南倾斜。一般海拔2~5米。最北部蓟州山地是燕山山脉向东延伸的南翼，为千米以上低山丘陵，九山顶为境内最高峰，海拔1078米，最低点塘沽口海拔为0米。

　　主要河流为海河，系源于晋、冀、京的子牙河、大清河、南运河、北运河、永定河在此汇流而成。

交通概览

　　以港口为中心形成海、陆、空交通网。

　　京哈和京沪铁路的交会处，西连京九铁路。主要线路有京山、津浦、京秦、津蓟、津霸等线。

　　公路：有京哈、京津塘、京津、京沪、荣乌、津滨、长深等高速公路。

　　民航：天津滨海国际机场通往北京、上海、成都、广州、乌鲁木齐、哈尔滨、香港等30多个城市，国际航线可通韩国首尔、日本名古屋等。

　　水运：天津港是中国第二大港口。

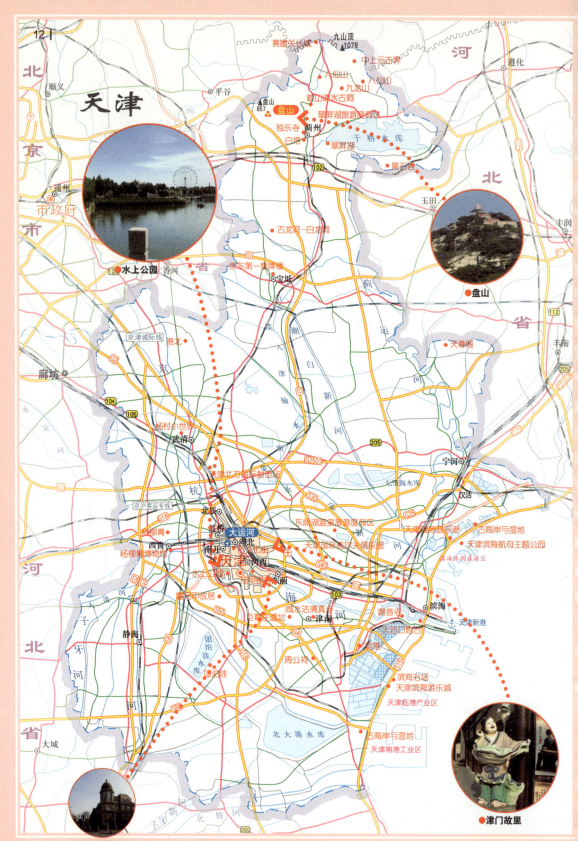

风景名胜

天津为国家历史文化名城，市区旅游景点有水上公园、宁园、大悲院、古文化街、清真大寺、天津广播电视塔等。北部有蓟州黄崖关长城和国家重点风景名胜区——盘山。宗教遗存较多，独乐寺尤为著名。

盘山：南距天津约125千米，为燕山余脉，平均海拔500米，主峰近千米，誉为"京东第一山"，为历代帝王和名士竞游胜地。主要名胜有5峰、8石、72寺观遗址、13座玲珑宝塔以及亭台楼阁、历史名人题刻等。

黄崖关长城：位于蓟州城北30千米处。全长41千米，分黄崖关和太平寨两个游览区。黄崖关以雄见长，分4个景区，即长城关塞游览区、长城高山游览区、长城山水游览区、长城文化游览区。

大沽口炮台遗址：位于海河入海口处。此地古称"津门之屏"，亦是京师咽喉，明代即建炮台，清道光二十年（1840年）建大沽南北炮台置大炮30余尊。清咸丰八年（1858年）建炮台5座。炮台濒临大海，游人可登台远眺海景。

津门故里：是一条以天后宫为中心仿清建筑特色的商业步行街，南北街口各有牌坊一座，上书"津门故里"和"沽上艺苑"，这里是旧时天津最繁华的地方之一。

天津之眼：永乐桥上耸立着一座巨大的摩天轮，这是世界上唯一一座建在桥梁上的摩天轮，被称为"天津之眼"。座舱旋转到最高点时，能看到方圆40千米以内的景致。

五大道历史街区：位于原先的英租界内。是东、西向并列的以中国西南名城成都、重庆、常德、大理、睦南及马场为名的五条街道。这里汇集着各国建造的风格各异的欧陆风情小洋楼，堪称"万国建筑博览会"。

特色产品

杨柳青木版年画，敷色鲜明典雅，具有浓郁的地方艺术风格。泥人张彩塑是彩绘和雕塑相结合的综合艺术品。艺术蜡制品、旅游风筝（龙头、蜈蚣）、母子鸡、布玩具和新漆画"林间小径"，被评为地方优秀旅游产品。

风味美食

天津麻花，尤其是桂发祥（俗称十八街）麻花，酥脆香甜。鸭梨、小站稻米、津冬菜、盘山柿子、天津陈酿、狗不理包子也很有名。天津菜肴以鲜咸为主，主料突出，配料考究，色鲜味俱全。

美食推荐去处：

狗不理包子：和平区山东路77号，022-27302540。

桂发祥十八街麻花（大沽南路总店）：河西区大沽南路566号（利民道口）。

河北

人文历史

河北省简称冀。地处华北平原北部、西北环山、东临渤海，和天津共同构成了拱卫首都北京的形势，并与辽宁、内蒙古、山西、河南、山东等省区为邻。全省面积19万平方千米。人口7731万，有汉、回、满、蒙古、朝鲜等民族。省辖11个地级市、21个县级市、91个县、6个自治县及49个市辖区。省会石家庄市。

春秋战国时为燕、赵之地。汉属幽、冀2州。唐属河北道及河东道。元属中书省。明属京师。清为直隶省。1928年改称河北省，沿用至今。

地理地形

地貌类型复杂多样。地势西北部高，东南部低，明显分三级阶梯。最北部为张北—围场高原，南缘海拔在1500米以上。北为燕山山地，西为太行山地，海拔多在500～1000米之

间。小五台山为省内最高峰，海拔2882米。东南为河北平原，是华北大平原的一部分，海拔多在50米以下，地势坦荡辽阔，自山麓向中部及沿海缓缓下降，为本省粮棉主要产区。主要水系有海河、滦河和潮白—蓟运河水系。其中海河是本省最大的一条水系，由北运河、永定河、大清河、子牙河、南运河五大支流组成，流域面积约26万多平方千米，70%分布在本省，年径流量为100多亿立方米。湖泊较少，内流区有咸水湖淖；外流区主要有河流中下游的浅盆式洼淀，面积最大的是白洋淀。还有数十个大中型水库，著名的有官厅、岗南、黄壁庄、朱庄、岳城等大型水库。

交通概览

本省地处首都的周围，并和港口城市天津紧密相接，成为首都出海和联系全国的走廊。

铁路：有京广客运专线，京广、京沪、京哈、京包、京通、京九等主要干线及京承、

京原、石德、石太、丰沙等线过境，还有地方铁路线与干线衔接，联系全省各地区并沟通全国各地。京哈铁路唐胥段为我国最早建成的铁路，京包铁路中的京张段是著名铁路工程师詹天佑主持修建的我国第一条自建铁路。

公路：干线公路形成以石家庄、邯郸、保定、唐山等城市为中心的公路网。有京深、京沈、京沪、京藏、石太、保津、京港澳、青兰等高速公路。

水运：秦皇岛是我国第二大输出港口，唐山港已建成，其他小港仅有省内沿海运输。

民航：有石家庄、秦皇岛和邯郸机场，可通北京、上海、广州、南京、呼和浩特等多个城市。

－风景名胜－

旅游资源十分丰富，自然景观迷人。承德避暑山庄及外八庙、明清皇家陵寝（清东陵和清西陵）列入世界遗产名录，承德避暑山庄及外八庙与秦皇岛北戴河、嶂石岩、苍岩山、野三坡、西柏坡－天桂山、崆山白云洞同属国家重点风景名胜区。还有峻峭挺拔的太行山、狼牙山，山峦叠嶂的燕山、雾灵山，以出土金缕玉衣而轰动世界的满城墓群。赵州桥在世界桥梁史上地位显著。

■ 避暑山庄： 位于承德，是清代皇帝夏天避暑和处理政务的地方，它始建于1703年，历经清朝康熙、雍正、乾隆三代皇帝。它占地564万平方米，是中国现存最大的古典皇家园林。内有康熙、乾隆钦定的72景。它的最大特色是山中有园，园中有山。以朴素淡雅的山村野趣为格调，取自然山水之本色，吸收江南塞北之风光，成为中国现存占地最大的古代帝王宫苑。

■ 外八庙： 是河北承德避暑山庄东北部八座藏传佛教寺庙的总称。先后于清康熙五十二年(1713)至乾隆四十五年(1780)间陆续建成外八庙。当时，北京、承德共有四十座直属理藩院的庙宇，京城三十二座，承德八座，因承德地处北京和长城以外，故称外八庙；包括溥仁寺、溥善寺（现已不存）、普宁寺、安远庙、普陀宗乘之庙、殊像寺、须弥福寿之庙、广缘寺。

■ 北戴河： 我国著名的避暑、疗养胜地，在秦皇岛市中心西南15千米。背山面海、海湾曲折，海滩长达10余千米，沙细、滩缓、潮平，是优良的天然浴场。有鹰角石、老虎石、鸽子窝等景点。

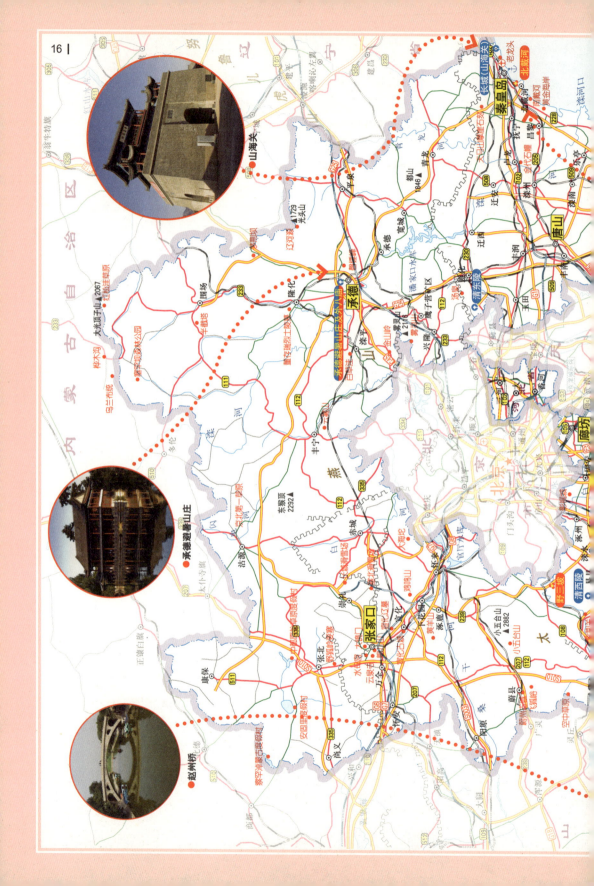

河 北

渤 海 湾
渤 海
渤 海 湾

曹妃甸工业区（在建）

经典线路 赏名胜古迹 驰骋张北草原

线路走向：石家庄—涞源—蔚县—张家口—张北—中都草原。

推荐理由：这条线路从石家庄出发，终点为坝上草原风景区，沿途不仅有中都草原和察汗淖草原的美丽风光，还能参观清西陵、蔚州古城、大境门等众多著名的人文古迹，一路下来肯定会让你的身心得到极大的享受。

行程安排：**D1**从石家庄至涞源县，沿途游览清西陵和白石山景区、夜宿涞源县。**D2**前往蔚县参观蔚州古城和县南郊的飞狐峪大峡谷、夜宿蔚县古城。**D3**赴张家口市参观大境门文化旅游区和鹅儿山景区，后宿张北县。夜宿张北县。**D4**前往中都草原景区参观，之后前往尚义县游览察汗淖草原后返回。

山 东 省

河 南 省

山海关：位于秦皇岛，有"天下第一关"之称，是明代长城东部的第一座关楼。整个城池与万里长城相连，以城为关，有城门四个。天下第一关是山海关古城的东城门，又名"镇东楼"，箭楼格式为城高台宽，与靖边楼、临闾楼、牧营楼、威远堂在长城之上一字摆开，形成五虎镇东之势。

野三坡：位于中国北方两大山脉（太行山脉和燕山山脉）交会处，保定市涞水县境内。它以"雄、险、奇、幽"的自然景观和古老的历史文物，享有世外桃源之美誉。融雄山碧水、奇峡怪泉、文物古迹、名树古禅于一身，按特点可分为6个景区，主要景点达68个。

西柏坡：位于石家庄市平山县，原是一个普通的小山村，在解放战争时期成为了当时解放全中国的革命大本营。如今的景区依山而建，主要景点有西柏坡中共中央旧址、西柏坡陈列展览馆、西柏坡纪念碑、领袖风范雕塑园、周恩来评语碑等。

赵州桥：位于石家庄市赵县，原名安济桥，建于隋大业年间，至今已有1300年的历史。赵州桥是一座单孔弧形桥，桥洞如弯弓，由28道拱圈纵向并列构成。大桥的护栏和望柱上，雕刻着各式蛟龙、兽面、花饰、竹节等。

白洋淀：位于保定安新县，是中国海河平原上最大的湖泊，白洋淀水域辽阔，风景秀丽。这里四季景色分明，水光天色，以大面积的芦苇荡和千亩荷花淀而闻名，著名景点有白洋淀文化苑、鸳鸯岛、渔人乐园、元妃荷园等。

苍岩山：在石家庄西南78千米的井陉县太行山群山丛中。这里峰险壁峭，林翠谷幽，殿宇昂轩，景色瑰丽多采，自古有"五岳奇秀揽一山，太行群峰唯苍岩"的盛誉。

清西陵：位于保定市易县，为清代皇帝的陵园，有14座陵墓。除了雍正的泰陵、嘉庆的昌陵、道光的慕陵和光绪的崇陵外，还有后妃、王公等的园寝。雍正的泰陵是西陵中建筑最早、规模最大的一座，居于陵区的中心位置，其余各陵分布在东西两侧。

清东陵：位于唐山市遵化市。有帝陵5座，后陵4座，妃园寝5座，公主陵1座。共埋葬5帝、15后、141个嫔妃。

特色产品

赵州雪花梨为河北名果；定州鸭梨色泽金黄，肉细而脆；深州蜜桃肉厚而甜；宣化有"葡萄城"美称，尤以马奶子葡萄为佳。"口蘑"享誉中外，产于坝上高原。祁州（今安国）称"药州"，每年举行全国性药材交流大会。京东板栗、兴隆红果、冀北血杞（枸杞）、望都"羊角辣椒"等亦属名产。衡水老白干、沙城干白葡萄酒等均为佳酿。唐山有"北方瓷都"之称，其"骨灰瓷"独放异彩。曲阳县定窑为古代五大名窑之一。曲阳石雕、承德木雕、衡水鼻烟壶等久负盛名。

风味美食

石家庄特色小吃藁城宫面、石塔油酥烧饼、金凤扒鸡、光华肉鸽、晋州咸驴肉等别具特色，保定的小吃冰糖葫芦、高碑店豆腐丝远近闻名；承德菜是官廷塞外菜的代表，风味小吃蒲棒鹿肉和香烹鹿肉串味道极佳。秦皇岛以海鲜为主，特色海鲜有铁板蟹、海�鱼、梭鱼、墨斗鱼、毛蚶等贝壳类。

山西

人文历史

山西省简称晋。地处我国中部。东邻河北，北连内蒙古，西、南与陕西、河南相望。全省面积约16万平方千米。人口3534万，有汉、回、蒙古、满等民族。省辖11个地级市、11个县级市、80个县及26个市辖区。省会太原市。

山西是中华民族古老文明的发祥地之一。襄汾"丁村人"遗址和芮城西侯度遗址的发现证明，早在几十万年以前，我们的祖先已会用火，就已经劳动、生息、繁衍在这块黄土地上。省境在春秋时期属晋。汉属并州。唐、宋为河东道（路）。元设河东山西道宣慰司，"山西"之名即始于此。明设山西布政使司。清代称山西省。民国时归绥道划归绥远省。新中国成立后称山西省。

地理地形

通称山西高原，地表多覆盖深厚黄土，经断层作用及流水切割，岭谷交错，大致东、西两侧为山地，中间是一列串珠状盆地。主要山脉有太行山、恒山、五台山、太岳山、中条山、吕梁山，五台山主峰北台顶为华北最高峰，海拔3061.1米。主要盆地有：大同、忻县、太原、临汾、运城、长治盆地。各河分属黄河、海河两大水系，汾河为黄河第二大支流，其他支流有涑水河、沁河等；属海河水系的主要有桑干河、滹沱河、清漳河、浊漳河。湖泊较少，运城附近的解池为本省最大湖泊，是一古老内陆盐湖。

交通概览

铁路：同蒲铁路纵贯全省，并跨过黄河通陕西孟塬，与陇海、石太、京包和近年新建的京原、新太、侯月、朔黄等省际干线相连，加上新建的太岚铁路及多条支线，组成了全省铁路网。

公路：以太原、大同、长治、临汾、侯马为中心，绝大多数的乡镇均通汽车，已建成较完善的网络体系。有二广、青银、京昆、晋侯、青兰等高速公路。

民航：有太原、大同、长治机场，通往北京、西安、成都、上海、沈阳、广州、兰州等30多个城市。

—风景名胜—

平遥古城、云冈石窟列入世界遗产名录。国家重点风景名胜区有华北屋脊五台山，五岳之一的北岳恒山，气势磅礴的黄河壶口瀑布，还有北五当山、五老峰。省内的寺庙、塔、壁画，不仅数量多，而且历史悠久，造诣极高。五台山的南禅寺、佛光寺大殿是全国现存最古老的唐代木构建筑，应县佛宫寺释迦塔是全国最古老的木塔。另外，还有被称为古建筑奇观的恒山悬空寺和晋祠古建筑群、永乐官壁画。

■晋祠： 位于太原市，始建于北魏，是为了纪念周武王次子叔虞而建。晋祠集中国古代祭祀建筑、园林、雕塑、壁画、碑刻艺术为一体，也是世界建筑、园林、雕刻艺术中心。主要的景点有水镜台、金人台、献殿、鱼沼飞梁、圣母殿、难老泉等。

■平遥古城： 位于晋中市平遥县，旧称"古陶"，始建于西周，距今已有2700多年的历史，是中国境内保存最为完整的一座古代县城。平遥古城内的街道、建筑都保持着传统的布局与风貌。城内著名的景点主要有：平遥城墙、平遥县衙、日升昌票号博物馆、城隍庙、平遥文庙、清虚观等。

■云冈石窟： 位于大同市西16千米的武周山南麓。是我国三大石窟之一，也是世界闻名的艺术宝库。2001年被联合国教科文组织列入《世界遗产名录》。云冈石窟始建于北魏，由佛教高僧昙曜奉旨开凿。现存有53个洞窟，石雕造像有51000多躯。石窟分成东区、中区和西区，东部的石窟多以造塔为主，故又称塔洞；中部的石窟分前后两室，主佛居中，洞壁及洞顶布满浮雕；西部石窟以中小窟和补刻的小龛最多。

■五台山： 位于忻州五台县东北，是我国四大佛教名山之一。五台山因五峰如五根

擎天大柱，峰顶平坦如台而得名。五峰分别为东台望海峰、西台挂月峰、南台锦绣峰、北台叶斗峰、中台翠岩峰，以北台最高，素称"华北屋脊"。五台山是文殊菩萨的道场，目前山上尚有47座寺庙。

■**壶口瀑布：**位于临汾市吉县城西南，是我国第二大瀑布。250多米宽的黄河水流经凸凸凹凹的石峡，在这出现了"源出昆仑衍大流，玉关九转一壶收"的奇景。壶口瀑布由此而得名。

■**皇城相府：**是清康熙年间名相陈廷敬的故居，位于晋城，为依山而建的全封闭双城堡建筑群，由内城、外城两部分组成。内外城总长为678米，全城总面积3.6万平方米。主要的景点有御书楼、石牌坊、河山楼等。

■**恒山：**位于省境东北部浑源县境内，亦名太恒山。恒山是大名鼎鼎的五岳之一，人称"北岳"。恒山山势奇险，莽莽苍苍，山峰海拔2016米，东为天峰岭，西为翠屏山，潭水中流，山雄、地险、云奇、泉绝，自古为兵家必争之地。恒山古来便是道教圣地，相传张果老便是在这里隐居潜修的。恒山以天峰岭景区、翠屏峰景区、千佛岭景区为主，而最著名的当数恒山脚下的悬空寺。

■**应县木塔：**位于朔州应县，建于辽代，原名佛宫寺释迦塔，是世界上现存最古

老、最高的木构建筑。木塔高约67米，外观为五层，实为九层。木塔塔基牢固、结构严谨，历经了七次大地震、多次风雨和战火侵袭，仍巍然不动。

━**特色产品**━

著名的轻工业产品有汾阳杏花村产的汾酒和竹叶青酒，山西老陈醋驰名国内外。太原主要有汾酒、清徐老陈醋、清徐葡萄、晋祠大米、太原豆腐干、阳曲白桃。大同主要有煤雕、恒山老白干、阳高杏脯、左云苦荞、五香画眉驴肉、大同铜器、云冈绢人、大同黄花等特产。

━**风味美食**━

太原的美食，尤其以面食最为有名，不仅品种多而且历史悠久。其中太原主要的特色美食有榆次灌肠、晋中油糕、孟封饼、三倒手硬面馍、油糊角、油面、珍珠粥、面麻片、阳泉飘抿曲、刀削面、莜面窝窝、猫耳朵等。大同菜属晋北菜，口味偏重，重油重色，特色菜品主要有羊杂、刀削面、广灵豆腐干、黄糕、涮羊肉、莜面、凉粉、豌豆面、兔头、荞面圪坨等多种。

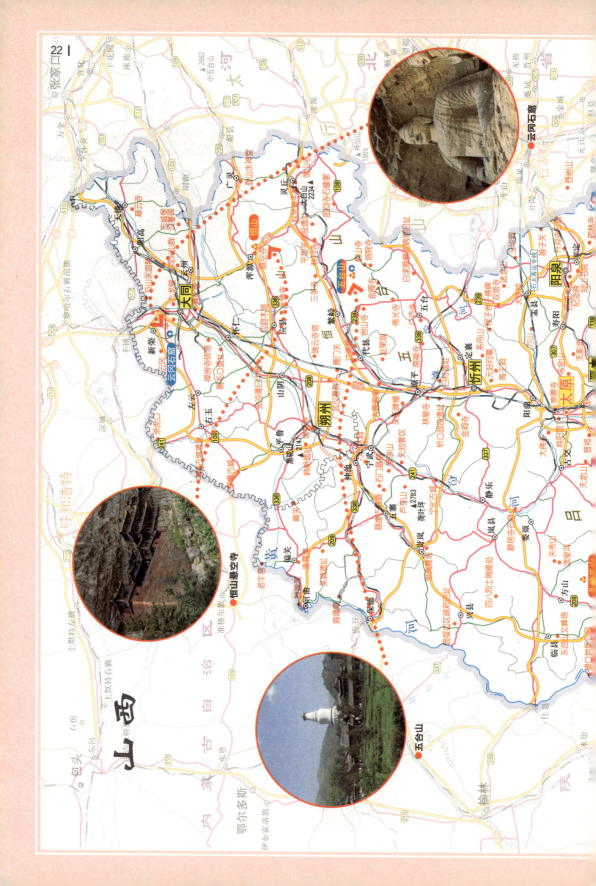

云冈石窟

恒山悬空寺

五台山

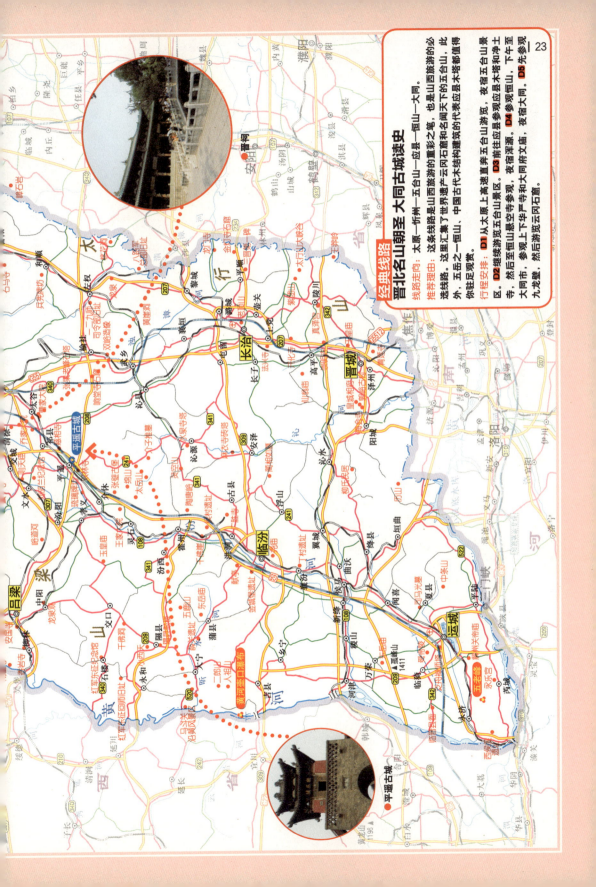

经典线路

晋北名山朝圣 大同古城读史

线路走向：太原—忻州—五台山—应县—恒山—大同。

推荐理由：这条线路是五台山西旅游的重彩之笔，也是山西旅游的必选线路。这里汇集了世界遗产云冈石窟和名闻天下的五台山，此外，五岳之一恒山、中国古代木结构建筑的代表应县木塔都值得你驻足观赏。

行程安排：**D1** 从太原上高速直奔五台山游览，夜宿五台山景区。**D2** 继续游览五台山景区，然后至恒山悬空寺参观，夜宿应县。**D3** 前往应县看木塔和净土寺，参观上午华严寺和大同府文庙，下午至大同市，夜宿大同。**D4** 参观恒山，下午至大同。**D5** 先参观九龙壁，然后游览云冈石窟。

23

内蒙古

内蒙古自治区简称内蒙古。地处我国北部边疆。北与蒙古、俄罗斯交界，西、南、东、东北分别与甘肃、宁夏、陕西、山西、河北、辽宁、吉林、黑龙江等省接壤。全区面积118万余平方千米。人口2441万，有蒙古、汉、达斡尔、鄂温克、鄂伦春、回、满、朝鲜等民族。自治区辖9个地级市、3个盟、11个县级市、17个县、49个旗、3个自治旗及23个市辖区。自治区首府呼和浩特市。

内蒙古历史悠久。早在十几万年前的新旧石器时代，我们的祖先就在此创造了著名的"河套文化"、"大窑文化"、"红山文化"、"夏家店文化"和"扎赉诺尔文化"。无数历史文物和考古学者证明，内蒙古同黄河流域其他地区一样，同是中华民族的发源地之一。这里最早见于文字记载的古代游牧部族有匈奴、林胡、楼烦和东胡等。1206年，铁木真统一中国北方各部落，建立了蒙古汗国，并

被拥戴为大汗——成吉思汗。1271年，忽必烈建立了中国历史上空前统一的元王朝，用"蒙古"二字定为民族及地域名称。1664年，清政府又以戈壁大漠为界，将漠北地区划为"外蒙古"，漠南地区划为"内蒙古"。内蒙古自治区于1947年5月1日成立，是我国建立最早的省级民族自治区。

地理地形

全境以高原为主体，地势开阔，高而平坦，主要高原和山地有呼伦贝尔高原、锡林郭勒高原、昭乌达高原、乌兰察布高原、巴彦淖尔高原、鄂尔多斯高原、阿拉善高原、大兴安岭山地、阴山山地。与宁夏回族自治区交界处的贺兰山，顶峰海拔3556米，为本区最高点。平原主要有河套平原、土默川平原、辽河平原、松嫩平原。主要河流有黄河、额尔古纳河、嫩江和西辽河四大水系。大小湖泊星罗棋布，北部的呼伦湖最大，面积2339平方千米。

交通概览

铁路：包兰铁路东接京包线，西接兰新线，构成横贯我国北方的第二大东西向干线；京通线从北京昌平至本区通辽，是首都通往东北的干线之一；集二铁路、滨洲铁路及新建的集通线，为东、北部主要干线。

公路：以京藏、京新、大广等高速公路和109、111、208、301国道为干线，省级公路通往各县市。

民航：有呼和浩特、包头、乌兰浩特、呼伦贝尔、赤峰、通辽、锡林浩特等机场，通往北京、上海、广州、石家庄等多个城市。

风景名胜

草原风光和民族风情为内蒙古两大旅游资源。其北部草原夏、秋季节千里绿海，牛羊如云。蒙古、鄂伦春等民族的服饰、起居、饮食、歌舞、礼仪等令人耳目一新。被称为"绿色宝库"的大兴安岭原始森林，又是野生动植物的王国。有扎兰屯、额尔古纳国家重点风景名胜区。昭君墓、成吉思汗陵等为重要景点。

■成吉思汗陵：位于鄂尔多斯市伊金霍洛旗阿勒腾席热镇东南15千米。1956年建成，三座蒙古包式穹窿顶建筑相互连接，寝宫安置成吉思汗夫妇灵柩，纪念堂内陈列成吉思汗遗物。

■昭君墓：位于呼和浩特西南9千米处。

王昭君，名嫱，字昭君，是西汉元帝后宫的"待诏"。公元前33年，奉元帝之命，出塞嫁于北方游牧民族匈奴首领呼韩邪单于。"昭君出塞"是民族和好的象征。

■大召寺：位于呼和浩特市，始建于明代，汉语名"无量寺"，蒙古语名"伊力召"，是内蒙古少有的不设活佛的寺庙。大召寺院建筑考究，大殿是常见的藏汉式喇嘛庙形制，其余部分则是依照传统中式庙宇的式样而建，大殿内供奉有一座银铸佛像，所以又有"银佛寺"之称。

■五塔寺：即金刚座舍利宝塔，位于呼和浩特市区东南部，俗称五塔寺。寺内殿宇早已塌毁，唯五塔巍然独存。全塔布满1563个鎏金小佛像。塔北的照壁上嵌有三幅精细的线雕刻石——蒙文天文图、六道轮回图和须弥山颂图，都是珍稀文物。

■根河湿地保护区：占地12.6万公顷，为"亚洲第一湿地"，位于根河、额尔古纳河、得尔布干河和哈乌尔河交汇处。包括根河、得尔布干河、哈乌尔河及两岸的河漫滩、柳灌丛、盐碱草地、水泡子及其支流。包含特别大范围的冲积平原及一个三角洲。

■呼和诺尔草原：位于呼伦贝尔市陈巴尔虎旗仁镇西10千米处，呼和诺尔在蒙古语

内蒙古自治区

经典线路

从锡林郭勒草原到大兴安岭森林

线路走向：克什克腾旗—锡林浩特—阿尔山—满洲里—呼伦贝尔—莫尔道嘎森林公园。

推荐理由：这条线路路线较长，但所经之处都是内蒙古东部草原的精华。一路北上，你会感觉到前所未有的刺激和心旷神怡。在这片广阔而洁净的地方，你甘愿做一只草原上幸福的小羊。

行程安排：**D1** 克什克腾旗游览达里诺尔湖、阿斯哈图石林，后前往锡林浩特市，夜宿锡林浩特市。**D2** 前往阿尔山，经东乌珠穆沁旗额仑草原，夜宿阿尔山市。**D3** 参观海神圣泉景区和玫瑰峰景区，夜宿阿尔山市。**D4** 游览阿尔山森林公园，之后前往满洲里市，夜宿满洲里市。**D5** 参观红军烈士公园和满洲里国门景区，逛满洲里中俄互市贸易区，夜宿满洲里市。**D6** 前往呼伦贝尔市，沿途游览呼伦湖和呼和诺尔草原，夜宿呼伦贝尔市。**D7** 前往莫尔道嘎镇游览莫尔道嘎森林公园，夜宿莫尔道嘎镇。

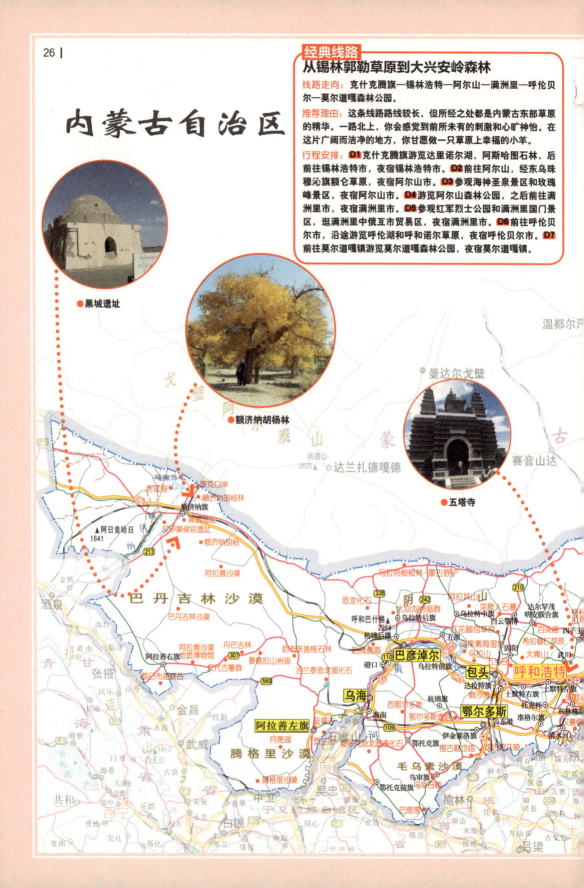

● 黑城遗址

● 额济纳胡杨林

● 五塔寺

扎兰屯

阿斯哈图石林

阿尔山森林公园

中意为"青色的湖"，呼和诺尔湖湖边四周绿草如茵，湖水清澈洁净。呼和诺尔草原是呼伦贝尔大草原的代表，是当地最具代表性的草原民俗旅游点。

■**阿尔山国家森林公园**：位于乌兰浩特阿尔山市，属于火山熔岩地貌寒温带湿润区，自然景观复杂而多样，火山地貌更显精美而奇特，草丰、石绝、池奇、泉神、湖秀、雪美、水碧。主要景观有天池群、杜鹃湖、石塘林、三潭峡、玫瑰峰等。

■**阿斯哈图石林**：距离赤峰市西北部380千米处的克什克腾旗巴彦高勒苏木北大山上。阿斯哈图为蒙古语，汉译为"险峻的山峰"。阿斯哈图石林是世界上罕见的花岗岩石林，石林呈北东向，分布面积约5万平方千米，所在海拔1700米左右，分为月亮城堡、桃园结义、雄鹰敛翅、围城、民俗生活娱乐5大景区。

■**额济纳胡杨**：位于额济纳旗达来呼布镇东部。胡杨树高十余米，最高达20米，素有"生一千年不死，死一千年不倒，倒一千年不朽"的美誉。胡杨林是居延绿洲的主体，是生态的基本条件。额济纳胡杨林景区绿树浓荫，掩映牧舍羊群，曲折绵延数十万亩，生机勃发，成为大漠里的桃源盛境。

■**黑城遗址**：位于额济纳旗达来呼布镇东南35千米。在西夏、元代时是额济纳河流域沙漠中的一片大面积绿洲。西夏党项族在这里建立了黑城作为国都，14世纪中期由于水源枯竭黑城成为沙海中的孤城残址。

■**扎兰屯**：位于呼伦贝尔市境内，大兴安岭东麓，是一个冬暖夏凉的避暑防寒胜地。雅鲁河蜿蜒在绒毯般的绿茵之上，四周起伏的大兴安岭吟唱着抒情的旋律，被人们称为"草原苏杭"。

特色产品

内蒙古是全国主要牧业基地，乳、肉用养畜业发达。皮毛及其制品质地优良，品种繁多，如仿古地毯、驼毛、山羊绒、羊羔皮等。此外，草原盛产味道鲜美、富有营养的发菜、口蘑，以及名贵中药材党参、黄芪、青羊血、牛黄、大蓉、甘草、麻黄、川地龙等。

风味美食

内蒙古的饮食主要以奶制品、肉质食品为主。特色风味美食有烤全羊、烤羊腿、糖醋驼峰、扒驼掌。特别的风味小吃有稍美、刀切酥、哈达饼、马奶酒、酸奶子、奶茶、奶豆腐、酥油等。

辽宁

— 人文历史 —

辽宁省简称辽。南临黄海、渤海，西南与河北省接壤，西北与内蒙古自治区为邻，东北与吉林省毗邻，东南与朝鲜隔鸭绿江相望。全省面积15万余平方千米。人口4192万，有汉、满、蒙古、回、朝鲜、锡伯等民族，其中满族、锡伯族聚居人数为全国之冠。省辖14个地级市、16个县级市、17个县、8个自治县及59个市辖区。省会沈阳市。

辽宁省历史文化悠久。营口金牛山、本溪庙后山等古人类遗址表明，在旧石器时代早期（距今二三十万年前）这里已有人类。战国时期属燕国。秦时设辽东、辽西郡。汉、唐、辽、元、明都在此设有行政管辖机构。辽宁是中国最后一个封建王朝——清王朝的发迹开国之地，尤以清前史绩称著。清初设盛京将军，清末改设奉天省。1929年改奉天省为辽宁省。

— 地理地形 —

境内山地、丘陵、平原交错，自然概貌为"六山一水三分田"。地势为东部由东北向西南倾斜，西部自西北向东南倾斜，形成两翼高、中间低、界限较分明的三大地貌区：一是辽东山地丘陵地区；二是辽河平原区；三是辽西低山丘陵地区。主要山脉有千山、医巫间山、龙岗山、松岭、努鲁儿虎山。花脖子山海拔1336米，为省内最高点。主要平原有辽河平原。主要河流有辽河、浑河、太子河、大小凌河、绕阳河及中朝界河鸭绿江。近海分布着500多个岛屿。

— 交通概览 —

铁路：京哈线、沈大线、沈吉线、沈丹线、沈承线等贯当境内。

公路：高速公路形成以沈阳为中心的公路交通主干网，有8条国道、20条省道，各级道路相连，四通八达。

水运：大连港是东北地区的进出口岸，与丹东港、大东港、营口港、葫芦岛港、锦州港及鲅鱼圈港构成辽宁的水运体系。

民航：有沈阳、大连、朝阳、丹东等机场，可通往国内数十个城市，国际航线可通往美国、法国、俄罗斯、澳大利亚、日本、朝鲜、韩国等。

风景名胜

辽宁名胜古迹众多，自然风光秀美，是观光旅游的好去处。全省现有国家级文物保护单位190多处。国家重点风景名胜区有鞍山千山、鸭绿江、兴城海滨、金石滩、大连海滨—旅顺口、凤凰山、本溪水洞、青山沟、医巫闾山、高句丽王城（五女山山城）、沈阳故宫、明清皇家陵寝（清永陵、福陵、昭陵）列入世界文化遗产。

■沈阳故宫：沈阳故宫建于1625年，是清军入关前所建的皇宫，世称盛京皇宫，现为沈阳故宫博物院。其建筑布局分为三路：东路为努尔哈赤时期建造的大政殿与十王亭；中路为皇太极时期续建的大中阙，西路是乾隆时期增建的文溯阁、嘉荫堂和仰熙斋等。

■本溪水洞：位于本溪东郊，距市中心26千米。是大型充水溶洞，洞中水每昼夜最大流量两万余吨，名"九曲银河"。它由水洞、温泉寺、汤沟、关门山、铁刹、庙后山6个景区组成，融山、水、洞、泉、湖、古人类文化遗址为一体。

■鞍山千山风景区：位于鞍山东南25千米处，为东北三大名山之一。千山古称积翠山，是长白山的支脉，山峰其数近千，故名"千山"，素有"东北明珠"之称。千山有奇峰、岩松、古庙、梨花四大景观，现分为大佛景区、仙人台、天上天、五佛顶和百鸟园五大景区。

■鸭绿江游览区：位于丹东市的鸭绿江公园是通过滨江路与城市道路构成的滨江景观走廊。沿江步行路、江绿化带将滨江地区的主要建筑和各个景点连在一起。公园内有望江亭等景点和四个游船码头。乘船顺流而下，游一江可赏中朝两国风光。鸭绿江大桥为铁路、公路两用桥，全长940米，属中朝两国共管，是中朝两国的界桥。著名景点有鸭江帆影、碧水玉树、铁桥弹洞、宝山悬虹等，隔江可望朝鲜新义州。

■兴城海滨：兴城海滨风景区位于兴城市区东部沿海的兴海湾，是一片长约1.5千米的天然海滩。这里地处渤海北部海岸，沙滩坡缓宽阔、水质洁静，有多个海水浴场和各种嬉水游乐设施。每年夏季，众多游人来这里游泳、赶海、晒太阳，或是全家人来吃海鲜，这里也是拍摄日出的好地方。

■**金石滩**：位于大连市金州区的金石滩旅游度假区依山傍海，自然环境优美，具有异国田园情调。拥有金石高尔夫球场、国际游艇俱乐部、狩猎场、奇石馆、金石园、龟裂石、金石跑马场等旅游项目和设施。金石滩三面环海，呈元宝状。海景壮美、沙滩漫长，有沉积岩层、海蚀地貌、龟裂奇石、垂钓岛礁等百处景点，集海、滩、礁、岛风光为一体。有"神力雕塑公园"和"地质博物馆"等之誉。

■**大连海滨—旅顺口**：位于辽东半岛南端，背山面海，景色秀丽，气候宜人。包括大连湾和旅顺口两个景区。景点有老虎滩、棒棰岛、蛇岛、老铁山等。有多处良好的海水浴场。

■**红海滩**：位于盘锦市大洼县，是一片东西宽28千米、南北长130千米的苇海，秋天一到，海边的植物慢慢变红，大片红色铺满整个海滩，异常壮观。景区内现有苇海观鹤、月牙湾湿地公园、红海滩码头三个景点。每年阳春三月，候鸟陆续南来，天空鸟阵如云，滩头水畔，莺歌燕舞。

—特色产品—

辽宁素称"苹果之乡"，苹果的种类多，耐运耐贮，尤以"国光"为佳；还有辽西的秋白梨，辽阳、海城、开原等地的山楂，朝阳、绥中等地的薄皮核桃，辽阳香水梨等。海味有对虾、海参、扇贝、贻贝、魁蚶、梭子蟹等。山区盛产哈什蟆。辽东为中国最大柞蚕丝生产基地，柞丝绸为上等衣料。辽宁是"东北三宝"人参、貂皮、鹿茸的主要产区之一。岫岩玉雕、抚顺煤精雕和琥珀工艺品、锦州玛瑙、辽阳、大连和鞍山贝雕、大连玻璃制品都各具风采。

—风味美食—

沈阳的美食以满族菜肴为基础，借鉴了宫廷菜肴技术，发展出自己独特的风格，名吃有李连贵熏肉大饼、杨家吊炉饼、宝发园四绝菜、御膳酒楼宫廷菜等；民族风味小吃有那家白肉血肠，朝鲜族的打糕、烤牛肉等。大连的特色菜肴当数红烤全虾，其他有八仙（鲜）过海、清蒸加吉鱼、鱿鱼戏龙螺、清蒸鲍鱼、清蒸扇贝等。

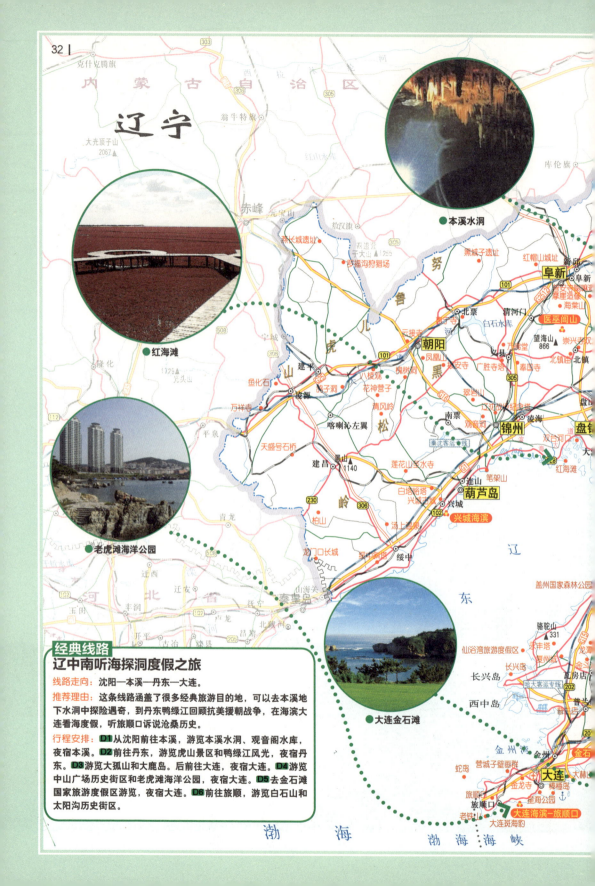

辽宁

内蒙古自治区

● 本溪水洞

● 红海滩

● 老虎滩海洋公园

● 大连金石滩

经典线路

辽中南听海探洞度假之旅

线路走向： 沈阳—本溪—丹东—大连。

推荐理由： 这条线路涵盖了很多经典旅游目的地，可以去本溪地下水洞中探险遇奇，到丹东鸭绿江回顾抗美援朝战争，在海滨大连看海度假，听旅顺口诉说沧桑历史。

行程安排： **D1**从沈阳前往本溪，游览本溪水洞、观音阁水库，夜宿本溪。**D2**前往丹东，游览虎山景区和鸭绿江风光，夜宿丹东。**D3**游览大孤山和大鹿岛。后前往大连，夜宿大连。**D4**游览中山广场历史街区和老虎滩海洋公园，夜宿大连。**D5**去金石滩国家旅游度假区游览，夜宿大连。**D6**前往旅顺，游览白石山和太阳沟历史街区。

渤 海

渤 海 海 峡

● 沈阳故宫

● 鸭绿江

吉林

— 人文历史 —

吉林省简称吉。地处我国东北部，为东北平原的腹地。南界辽宁省，北接黑龙江省，西连内蒙古自治区，东与俄罗斯毗邻，东南和朝鲜隔江相望。全省面积约19万平方千米。人口2609万，有汉、朝鲜、满、回、蒙古、锡伯等民族。省辖8个地级市、1个自治州、20个县级市、16个县、3个自治县及21个市辖区。省会长春市。

吉林省历史上长期是满、蒙古、朝鲜等少数民族活动和聚居之地。周、秦时活动在长白山北部一带的肃慎部族，是本区原始居民。唐代曾建渤海国于东部山区。宋代又建金国（女真）。省境西部，古称鲜卑、契丹、鞑靼，均为蒙古族同系。五代建辽国，灭渤海国，势力扩至省境东部。元属辽阳行省。明属奴尔干都司。清为宁古塔将军后改称吉林将军辖区，光绪三十三年(公元1907年)设吉林省。

— 地理地形 —

地势东南高、西北低，形成山地、丘陵、平原三大地貌类型。主要山脉有长白山、吉林哈达岭、张广才岭、龙岗山、老岭、大黑山等。其中，长白山主峰白云峰为东北最高峰，海拔2691米。主要平原与盆地有松嫩平原、松辽平原、延吉盆地、珲春盆地和敦化盆地等。主要河流有松花江、鸭绿江、图们江、牡丹江、绥芬河。湖泊以松花江上的松花湖（丰满水库）为最大，还有月亮泡、查干泡、大布苏泡等。长白山主峰附近的长白山天池(白头山天池)是中朝界湖，是著名的火山口湖。

— 交通概览 —

铁路：有京哈、沈吉、四梅、梅集、长图、长白、平齐等线，与北京、石家庄、乌兰浩特、哈尔滨等主要城市相连。

公路：以长春、吉林、延吉、通化等地为中心，形成长春通往各地、市、州、县的公路网，有京哈、长营、珲乌等高速公路。

水运：以松花江、嫩江、松花湖为主要航线，鸭绿江、图们江也有航运线。

民航：有长春、吉林、延吉等机场，同国内20多个城市通航。

风景名胜

多集中在长春、吉林、松花江和长白山一线，国家重点风景名胜区有松花湖、八大部—净月潭、仙景台、防川。此外有集安的高句丽王城、王陵及贵族墓葬列入世界文化遗产。

■**松花湖**：位于吉林市区东南50千米，因上游的丰满水电站大坝拦截松花江水而成，是东北最大的人工湖。春天，湖岸林木葱郁，层峦叠嶂，湖中白帆点点，风光旖旎。入夏，可击浪游泳，或日光浴，或搭快艇至观湖台，垂钓湖鱼。秋季，天高气爽，40座山峰披红结翠，一览无遗。隆冬，雪铺山原，冰封湖面，水山一色，玉树银花，可扬冰帆，乘坐雪爬犁，或入山狩猎，或凿冰捞鱼。

■**八大部—净月潭风景区**：位于长春东南郊，有起伏的山岳、平静的湖水和广阔的森林，森林公园放养梅花鹿、饲养紫貂和种植人参，绿树丛中建有喷泉和优美的塑像群。

在公园一角，开辟度假村和游乐园。净月潭里夏季可划船、钓鱼、游泳，冬季可开展滑冰、滑雪、冰橇、冰帆等体育活动。

■**长白山**：长白山山脉位于吉林省安图、抚松、长白三县境内，绵延东三省上千千米，其主峰为长白山，是中朝两国界山。长白山是一座巨型复式火山，由于其独特的地理位置和地质构造，形成了神奇壮观的火山地貌，富有北国情趣的冰雪风光。

特色产品

"东北三宝"人参、鹿茸、貂皮饮誉中外，主要产于长白山地区，尤以安图、抚松、蛟河、靖宇、辉南等地为盛。哈什蟆油是营养丰富的滋补品。通化葡萄酒与蛟河"长白山葡萄酒"，均有盛誉。白鱼是松花江特产，肉嫩味鲜。特殊工艺以长春的刺绣、树皮画、羽毛画和吉林市工艺手杖、石雕较为著名。

风味美食

最具特色的美食是本地山野风味，其中原料有长白山的人参、鹿茸、熊掌、飞龙、雪蛤、松茸等珍稀产品。极具满族饮食文化特色的是三套碗席，主菜用"杯碗""中碗""座碗"三套碗盛装，另外还有朝鲜族特色的美食冷面、打糕、狗肉汤和长寿面等。

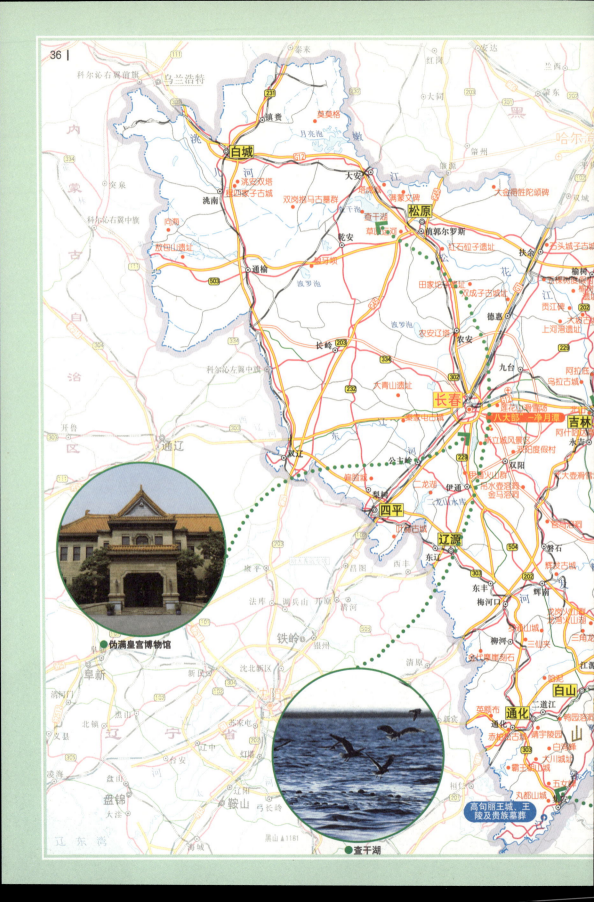

科尔沁右翼前旗　乌兰浩特

镇赉

莫莫格

月亮泡

白城

洮安双塔

程四家子古城

洮南

向海

敖包山遗址

突泉

科尔沁右翼中旗

通榆

狼牙坝

波罗泡

科尔沁左翼中旗

长岭

双江

偏脸城

梨树

泰来

红岗

兰西

大同

安达

哈尔滨

平房

G12

大安

塔虎城

满蒙文碑

查干湖

草原郊河

乾安

双岗抬马古墓群

红石泡

松原

前郭尔罗斯

红石砬子遗址

扶余

石头城子古墓

榆树

五棵树度假村

贡江碑

大坡古城

上河湾遗址

德惠

农安辽塔

农安

田家坨子遗址

双成子古城址

波罗泡

九台

阿拉底

乌拉古城

长春

连花山滑雪场

秦家屯古城

“八大部”－净月潭

净月潭风景区

双阳度假村

双阳

伊通火山群

吊水壶溶洞

金马溶洞

二龙湖

二龙山水库

四平

叶赫古城

辽源

东辽

东丰

梅河口

开鲁

通辽

昌图

西丰

清河

铁岭

银州

法库

调兵山

开原

清原

吉林

永吉

阿什哈达

大青山遗址

长岭

334

九台

磐石

辉发古城

龙岗火山群

辉南

靖宇县

柳河

金代摩崖刻石

三仙夹

三角龙湾

哈泥

白山

二道江

通化

英额市

赤柏松古城

靖宇陵园

自来峰

白龙峰

大川城址

霸王朝山城

五女峰

丸都山城

阜新

清河门

北镇

义县

凌海

盘锦

盘锦

大洼

辽宁省

新民

沈阳

沈北新区

苏家屯

辽阳

灯塔

台安

江阳

鞍山

弓长岭

辽东湾

黑山 ▲1181

海城

高句丽王城、王陵及贵族墓葬

伪满皇宫博物馆

查干湖

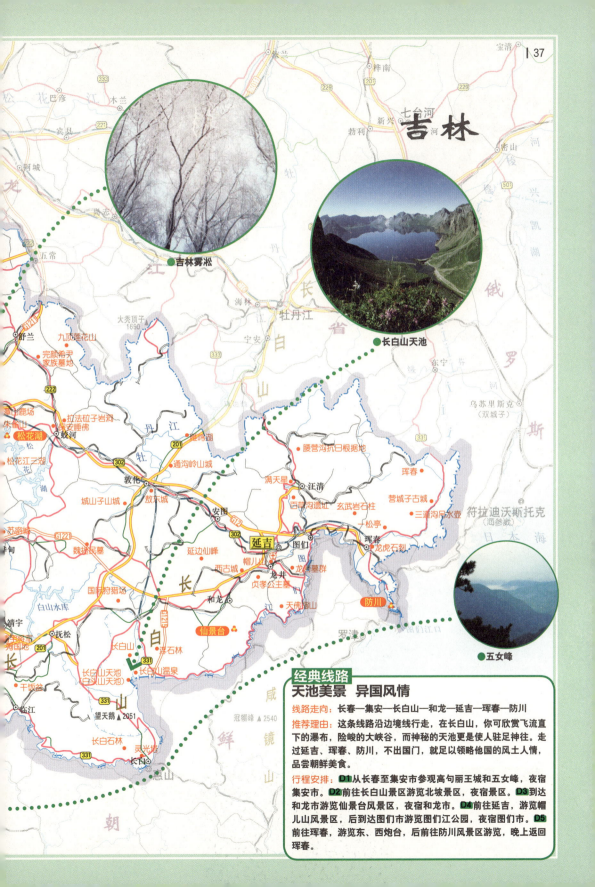

吉林

吉林雾凇

长白山天池

五女峰

经典线路

天池美景　异国风情

线路走向：长春—集安—长白山—和龙—延吉—珲春—防川

推荐理由：这条线路沿边境线行走，在长白山，你可欣赏飞流直下的瀑布，险峻的大峡谷，而神秘的天池更是使人驻足神往。走过延吉、珲春、防川，不出国门，就足以领略他国的风土人情，品尝朝鲜美食。

行程安排：**D1**从长春至集安市参观高句丽王城和五女峰，夜宿集安市。**D2**前往长白山景区游览北坡景区，夜宿景区。**D3**到达和龙市游览仙景台风景区，夜宿和龙市。**D4**前往延吉，游览帽儿山风景区，后到达图们市游览图们江公园，夜宿图们市。**D5**前往珲春，游览东、西炮台，后前往防川风景区游览，晚上返回珲春。

黑龙江

人文历史

　　黑龙江省简称黑。地处我国东北部。北部和东部隔黑龙江、乌苏里江与俄罗斯相望，西部与内蒙古自治区毗邻，南部与吉林省接壤，是我国东北门户。全省面积约46万平方千米。人口3574万，有汉、满、蒙古、回、朝鲜、达斡尔、鄂伦春、赫哲等民族。省辖12个地级市、1个地区、21个县级市、45个县、1个自治县及54个市辖区。省会哈尔滨市。

　　本省是东北地区各族先民自古以来劳动、生息的地方，是满族的发祥地。西周时期，居住在这里的民族称为肃慎。汉代肃慎称为挹娄。北魏时称为勿吉。辽、金时改为女真。清代始称满族。自唐代起历代均在此设机构进行行政管辖。清末改黑龙江将军辖区为黑龙江省。1954年松江省并入。

地理地形

　　山地、平原交叉分布，地势大体西北高、东南略低，西南、东北低平。主要山脉有大兴安岭、小兴安岭、张广才岭、老爷岭、完达山等。大秃顶子为本省最高峰，海拔1690米。主要平原有三江平原、兴凯湖平原、松嫩平原。主要河流有黑龙江、松花江、乌苏里江、绥芬河、牡丹江和嫩江。湖泊有兴凯湖、镜泊湖、五大连池和连环湖。

交通概览

　　铁路：以哈尔滨为中心，贯穿全省2/3以上的市、县，为全省交通网骨干。主要有京哈、滨洲、滨绥、哈佳、牡佳等线。

　　公路：基本形成四通八达的公路运输网，有哈尔滨至沈阳、大庆、同江、伊春、绥芬河高速公路。

　　水运：水力资源居东北三省之冠，松花江为最重要的内河航道，黑龙江、呼兰河、嫩江、乌苏里江等大部分通行江轮。

　　民航：以哈尔滨为中心，通北京、上海、香港等30多个城市。还开通了俄罗斯、韩国、日本的国际航线，成为东北的国际航空港。

风景名胜

作为中国火山遗址较多的省区，火山活动为其创造了著名的旅游资源。国家重点风景名胜区有五大连池、镜泊湖、大沽河。此外，有碧水环抱的避暑游览胜地太阳岛。

■五大连池：位于本省西北部的五大连市，原名白河，是黑龙江的支流。1719-1721年火山喷发，熔岩将河道截成五段，形成五个串珠状相互连通的火山堰塞湖，称为头池、二池、三池、四池和五池，纵长20千米，统称五大连池。头池、二池湖岸曲折，熔岩石流突入水中，构成无数小岛、半岛、水湾和小潭，水清见底，怪石林立，呈天然园林景观。西岸石龙背上有一温泊，严冬水温摄氏14度，水气蒸腾成雾，池周满树琼花，被称为"温泊云雾"。五池中以三池最大，水深鱼多。

■镜泊湖：位于牡丹江的宁安市河段，距牡丹江市区110千米。南北长45千米，东西最宽处6千米，面积90.3平方千米。约1万年前，由火山熔岩堵塞牡丹江河道而成，群山环抱，山重水复，景色秀丽。天然形成的吊水楼瀑布、大孤山、小孤山、白石砬子、城墙砬子、珍珠门、道士山、老鸹砬子，是历史上著名的镜泊八景。

■扎龙自然保护区：位于齐齐哈尔市东南30千米处。扎龙湿地由许多小型浅水湖泊和广阔的草甸、草原组成，为中国最美的六大沼泽湿地之一。在这里一年四季都可以观赏到丹顶鹤的优美舞姿，素有"鹤的故乡"之称。尤以冬季的雪地观鹤最为著名。

特色产品

人参、鹿茸、紫貂、猴头蘑、五味子等为山区名产，主要产于小兴安岭、张广才岭、老爷岭，现多以人工饲养或栽培。大马哈鱼、鳇鱼、哲罗鱼为黑龙江、乌苏里江等低水温河流特产，营养丰富，味道鲜美。哈尔滨玉雕、牙雕、西式银餐具、牡丹江牛角画、齐齐哈尔玉雕为传统工艺美术品。

风味美食

哈尔滨的美食首推冰雪宴席和冰雪风味小吃，还有鸡丝豆腐脑、叉烧火勺、水煎包、玫瑰饼、什锦元宵、白肉血肠、渍菜粉、雪里蕻炖豆腐、氽白肉等。

黑龙江

经典线路

冬季到雪乡来看雪

线路走向：哈尔滨—亚布力滑雪旅游度假区—雪乡—牡丹江—镜泊湖。

推荐理由：中国雪乡是冬季看雪最好的去处，也是这条线上的精华，从哈尔滨南下，沿途的看雪点不断，可在亚布力体验滑雪的快感、徒步东升林场看林海雪原。此外，镜泊湖冬季美景也别有一番风味。

行程安排：**D1**哈尔滨市区游览至索菲亚大教堂、中央大街、松花江、冰雪大世界，夜宿哈尔滨。**D2**前往亚布力滑雪旅游度假区，夜宿景区附近。**D3**前往东升林场，夜宿东升。**D4**徒步穿越、抵达雪乡，夜宿雪乡。**D5**继续游览雪乡。**D6**前往镜泊湖游览。

● 太阳岛

● 五大连池

● 漠河北极村

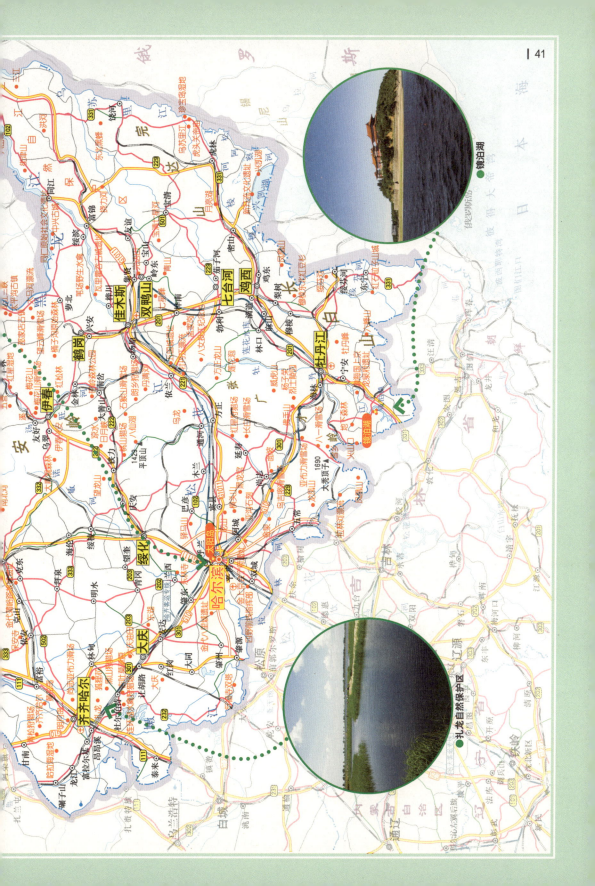

上海

人文历史

上海市简称沪，别称申。地处中国南、北海岸中心点，长江和钱塘江入海口之间。东濒东海，北、西、西南与江苏、浙江2省为邻。全市面积约6340平方千米。人口1462万，有汉、回、满等民族。市辖16个区。

上海是我国第一大城市，为中央直辖市，也是世界特大城市和十大港口之一。因吴淞江支流上海浦得名。吴淞江口近海段古称"扈渎"，后改称"沪渎"，简称"沪"。南宋建镇。元朝设上海县。1927年设上海特别市。1930年改称上海市。

地理地形

本市属长江三角洲冲积平原的一部分，土质松软，平均海拔为4米左右，除西部有少数海拔100米左右的残丘外，均为坦荡低平的平原。东部高桥、南汇、奉城、漕泾一线以东为滨海平原，为近几百年成陆。西部青浦、金山一线

以西为淀泖低地，原为古太湖一部分，海拔仅2～3米。东西部之间则为浦江平原。主要河、湖有黄浦江、吴淞江（又名苏州河）和淀山湖。其中，黄浦江全长113.4千米。主要岛屿有崇明岛、长兴岛、横沙岛，其中崇明岛为我国第三大岛，面积为1080平方千米。市境南端的大金山海拔103米，为本市最高点。

交通概览

地处我国南北航线中枢，为我国水陆交通中心，具有铁路、水运、公路、航空并举的综合总体运输网。

铁路：京沪线、京昆线联系南北。有京沪客运专线。

公路：市区内南浦大桥和杨浦大桥，构成市内环线越江的两个枢纽；内环和南北高架路、外环及龙阳路－浦东机场的悬浮列车道构成市区高架高速道路网络。稠密的公路网连接各城镇，有京沪、沪蓉、沪渝、沪昆、沈海等

高速公路。

民航：有虹桥和浦东国际机场，可达北京、广州、成都、兰州、乌鲁木齐、香港、澳门等60多个大中城市，并有多条国际航线，可直达世界70多个国家和地区。

水运：上海港是西太平洋地区重要国际港口，被称为上海经济命脉。水运从长江口可直达重庆。沿海可达青岛、天津、大连、宁波、广州、香港等城市，远洋可达五大洲400多个港口。

—风景名胜—

上海是中国共产党的诞生地，为国家历史文化名城。主要名胜有豫园、玉佛寺、"中共一大"会址、孙中山故居、鲁迅故居、嘉定孔庙、汇龙潭、古猗园、淞江方塔、醉白池、淀山湖、吴淞口炮台等，还有外滩、东方明珠电视塔、东海影视乐园、大世界游乐中心、余山国家旅游度假区、上海动物园、金茂大厦等旅游景点。

豫园：位于黄浦区豫园路，占地约5公顷，于明嘉靖三十八年（1559年）至明万历五年（1577年）建成。园内共有假山池沼、亭台楼阁30多处，富有明、清两代江南园林建筑风格。由五条龙筑成的围墙，将全园分成6个风景区，构成40多个景点。1982年被列为全国重点文物保护单位。

玉佛寺：位于普陀区安远路和江宁路交会处，是一座建于1882年的中等规模寺院，仿宋代建筑。寺内有天王殿、大雄宝殿，并藏有不少古代造像、绘画珍品及7000余册历代佛经。其中1890年刻印的全套旧本大藏经1662部，是研究佛教历史的宝贵文献。

淀山湖：位于青浦区境内，距上海市区约50千米，是本市最大的湖泊。原以游泳、驶船等水上活动为主，近年利用其形态依《红楼梦》之描写而建"大观园"，建筑物既有气势又与自然环境相和谐。

外滩：北起外白渡桥，南至新开河路外滩，全长1700米，是闻名中外的上海游览

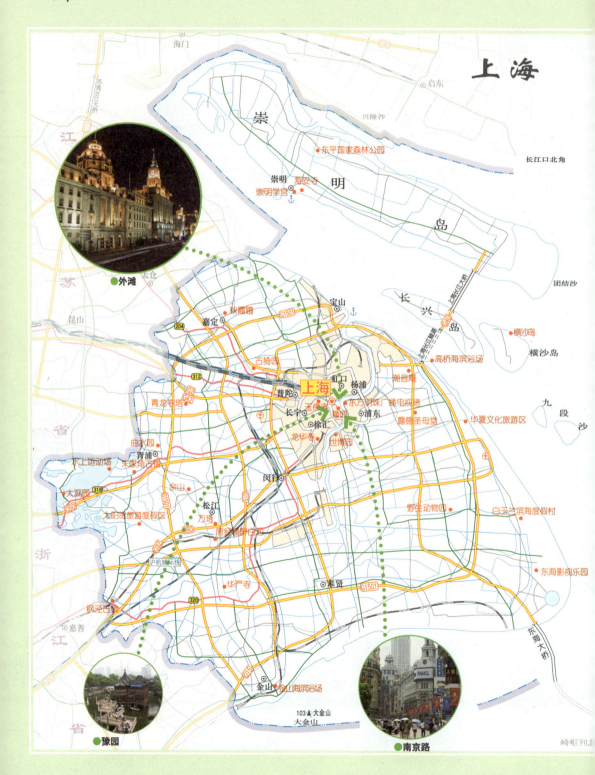

44

上海

崇
明
岛

长
兴
岛

长江口北角

东平国家森林公园

崇明 寿安寺
崇明学宫

横沙岛
横沙岛

九
段
沙

● 外滩

太仓

苏
省

昆山

秋霞圃
嘉定
204
G1501
宝山
古猗园
普陀
312
上海
虹口 杨浦
潮音庵
东方明珠广播电视塔
长宁 玉佛寺 浦东
青龙寺塔
徐汇 露德圣母堂
华夏文化旅游区
曲水园 青浦 龙华寺
水上运动场 朱家角古镇 世博园
大观园 318 闵行
余山
松江
野生动物园
太阳岛旅游度假区 方塔
白玉兰滨海度假村
650 唐经幢古石桥
沪杭城际线 320
华严寺
奉贤 G1501
枫泾古镇
东海影视乐园
嘉善
高桥海滨浴场

东海大桥

● 豫园

金山 金山海滨浴场
103 大金山
大金山

● 南京路

崎岖区列岛

胜地。沿江风格迥异、造型多样的大东方明珠电视塔：位于黄浦江畔，浦东新区陆家嘴前端。塔高468米，居亚洲第一，世界第三。电视塔主要由塔座、下球体、上球体和太空舱等大小不等的钢制球体组成，内设多项游览观光项目。附近还设有娱乐中心和商业中心，是浦东大型多功能旅游景点。

■佘山国家旅游度假区：位于松江区北部的佘山镇，地理环境优越，交通快捷。境内包容了上海仅有的12座山峰，人文景观荟萃，自然风光秀丽。主要有世界著名斜塔——天马山护珠塔、被称为"远东第一"的佘山天主教堂、遍布幽林密竹的佘山国家森林公园、始建于1899年的佘山天文台以及欧罗巴世界乐园、佘山娱乐城。

■朱家角古镇：位于风景秀丽的淀山湖畔，人杰地灵，风光旖旎，是曾以布业著称的江南水乡古镇。主要景点有城隍庙、课植园、北大街、圆津禅院、放生桥等，还可乘罗锅船泛舟，素有"上海威尼斯"之称。

■枫泾古镇：建镇于元，别号"芙蓉镇"。这里以桥多、庙宇多、名人多、里弄多为特色，在古时就有"三步一座桥，一望十条巷"之誉，著名的有枫泾三桥、性觉寺、三百园、丁聪漫画陈列馆等景点。

特色产品

上海是我国工艺美术产品的主要基地，品种丰富，主要有绒绣、雕刻、金属工艺。著名水产品有松江鲈鱼、崇明蟹、淀山湖清水大蟹，食品有大白兔奶糖、龙华水蜜桃、万年青饼干。上海又是我国最大的商业城市，商店多、规模大、商品全、质量好、款式新，经营灵活，以南京路、淮海路、四川路、西藏路、天目东路、豫园商场等"五路一场"为中心。

风味美食

上海本地菜以烹调鲜活著称，特别是鱼虾，非鲜不取，非活不用，有浓油赤酱、注重原味的特色，无论菜品还是小吃点心都有着很鲜明的本地风格。油酱毛蟹就很经典，色泽鲜红，肉质鲜嫩，味香浓郁。生煎馒头为土生土长的上海小吃，馅心以鲜猪肉加皮冻为主，底酥、皮薄、肉香，一口咬下去，肉汁裹着肉香、芝麻香喷涌而出，极受欢迎。

美食推荐去处：

小杨生煎（南京东路店）：黄浦区南京东路720号第一食品2楼。

南翔馒头店（豫园路店）：黄浦区豫园路85号。

江苏

地图标注:
云台山 东西连岛
624.4▲
连云港 ○云台山
徐州 ○
宿迁 ○
京杭大运河 大运河
淮安
候鸟栖息地
盐城
黄 海
高邮湖
杭
蜀岗瘦西湖
扬州 大运河
三山 泰州
钟山 镇江 南通
448.2
南京 ○紫金山 长江中下游平原
明孝陵 茅 常州 猴山
无锡 大运河
太湖 苏州
太湖 苏州古典园林

─人文历史─

江苏省简称苏。地处我国东部。北接山东，南邻上海、浙江，西界安徽，东濒黄海，有1000多千米的海岸线。全省面积10万余平方千米。人口7832万，有汉、回、满等民族。省辖13个地级市、21个县级市、19个县及55个市辖区。省会南京市。

江苏省历史悠久，南京曾为吴、东晋、宋、齐、梁、陈等六朝古都，成为南方的经济文化中心。隋唐以后，全国的经济重心南移。由于开凿了大运河，建设淮北盐场，扬州成为东南财赋、漕运、盐铁转运的中心。明代中叶以后，苏州、松江、南京等地产生了"机户出资、机工出力"的新型阶级关系，成为资本主义萌芽的发祥地之一。清康熙六年（1667年）改江南右布政使司置省，以江宁、苏州二府首字命名江苏省。

─地理地形─

平原辽阔，河湖众多，水网密布，是全国地势最为低平的省区，绝大部分地区在海拔50米以下。平原约占总面积的68%，低山丘陵14%，水面占18%。平原分为黄淮平原、江淮平原、滨海平原和长江三角洲平原四大部分。有洪泽湖、太湖、高邮湖等大小湖泊200多个，太湖最大，北部的洪泽湖次之。有长江、淮河、沂沭河三大水系，主要河流还有沂河、沭河、新沭河、秦淮河、中运河、里运河，大运河沟通南北。黄海之滨的云台山海拔625米，为本省最高点。紫金山、汤山、栖霞山、青龙山和茅山均为著名山峰。

─交通概览─

是华东地区交通枢纽，已形成交通便捷的水陆运输网。

铁路：以南京、徐州为中心，有京沪、陇

海、宁铜等铁路干线，京沪高铁路过。

公路：沪蓉、京沪、京台、连霍、沪陕、沈海等高速公路与周边省市相联系。省内各地级市均通有高速公路。基本实现公路"村村通"。

水运：长江横贯东西，大运河纵贯南北，内河航运发达，河渠湖荡多可行船。南京港为我国最大的内河港口；南京油码头是鲁宁输油管的终点。

民航：有南京、苏州、徐州、常州、南通、连云港等机场。南京民航通北京、上海、济南、郑州、武汉、香港等40多个城市。

一风景名胜一

本省是山水园林、名胜古迹和旅游城市高度集中的地区，又是国家历史文化名城最多的省份，即南京、苏州、扬州、镇江、常熟、徐州、淮安。苏州古典园林、明清皇家陵寝（明孝陵）已列入世界遗产名录。国家重点风景名胜区有南京钟山、太湖、云台山、蜀岗瘦西湖、三山。此外，还有南京的"石头城"、中山陵、明孝陵，徐州的汉代兵马俑，以及与长城齐名的古运河。

钟山：位于南京市玄武区，又称紫金山，系江南茅山余脉，宁镇山脉的最高峰。名胜古迹有弹琴石、黑龙潭、紫霞洞、一人泉道士坞、梅岩、头陀岭、桃花坞、梅花山、中山陵、明孝陵、灵谷寺、徐达墓、李文忠墓等。中山陵是孙中山先生的陵墓，为著名建筑家吕彦直设计，整座陵宫豪迈大方，呈警钟形，有"警钟长鸣，唤起民众"之意，人们用"一座中山陵，半部民国史"来概括它在中国近代史上的地位。

夫子庙、秦淮河：位于南京市秦淮区贡院街，"烟笼寒水月笼纱，夜泊秦淮近酒家"，十里秦淮至今仍然是南京最为繁华的地方，有数不清的美食、商铺和街摊。

太湖：位于长江三角洲南部，江苏、浙江两省之间，是我国四大淡水湖之一。湖岸岬湾曲折，地势起伏多变，自然风光奇特，山水组合见胜，远、中、近景天然得体，四季景色迥异。鼋头渚是观赏太湖烟波

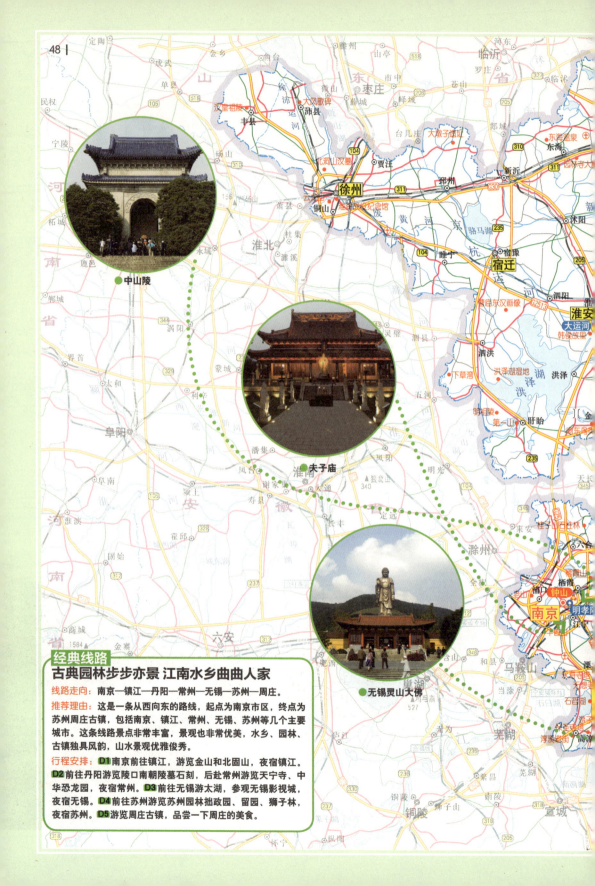

● 中山陵

● 未予庙

● 无锡灵山大佛

经典线路

古典园林步步亦景 江南水乡曲曲人家

线路走向： 南京—镇江—丹阳—常州—无锡—苏州—周庄。

推荐理由： 这是一条从西向东的路线，起点为南京市区，终点为苏州周庄古镇，包括南京、镇江、常州、无锡、苏州等几个主要城市。这条线路景点非常丰富，景观也非常优美，水乡、园林、古镇独具风韵，山水景观优雅俊秀。

行程安排： **D1** 南京前往镇江，游览金山和北固山，夜宿镇江。**D2** 前往丹阳游览陵口南朝陵墓石刻，后赴常州游览天宁寺、中华恐龙园，夜宿常州。**D3** 前往无锡游太湖，参观无锡影视城，夜宿无锡。**D4** 前往苏州游览苏州园林拙政园、留园、狮子林，夜宿苏州。**D5** 游览周庄古镇，品尝一下周庄的美食。

江苏

瘦西湖

苏州园林（拙政园）

周庄

的绝佳地点，也是太湖风景的精华所在，至今仍保存着许多吴越史迹，及吴越历史人物的传说。人说"不来鼋头渚，等于没来无锡"，可见其风景的绝妙和诱人。

■ **寒山寺**：位于苏州市金阊区枫桥镇，始建于梁代，因唐代诗人张继的《枫桥夜泊》"姑苏城外寒山寺，夜半钟声到客船"而名扬天下。其实寒山寺本就以钟声闻名，至今信者甚众，很多游客都是为得寒山寺钟声以去烦恼而来。

■ **云台山**：位于连云港，耸立在黄海之滨，多异峰奇石，尤以花果山、水帘洞驰名。山上曲洞幽深，花果飘香，有"东海胜境"之誉，历史上曾为海内四大灵山之一。

■ **瘦西湖**：位于扬州城西，为我国湖上园林的代表，以外形纤瘦而著称。景色柔美秀丽，人文景致极为丰富，历代文人多有题咏，一路赏景，处处有诗，花柳湖岸，白塔石桥，人说"两岸花柳全依水，一路楼台直到山"是其最好写照。

■ **拙政园**：被誉为"天下园林之母"，是苏州四大名园中最为著名的一座。为明代御史王献臣出资所建，园林"以水见长，花木为胜"，体现江南园林玲珑巧致别有天地的特点。

■ **周庄古镇**：位于苏州市昆山市，被誉为"中国第一水乡"，镇上保存着元代以来的石桥数十座，著名的有双桥、富安桥、贞丰桥等，还有张厅、沈厅、周厅等明清古建筑，展现着美妙的"小桥、流水、人家"的水乡风情。

─ 特色产品 ─

"苏绣"是中国四大名绣之一，尤以"双面绣"出色。南京云锦，历史悠久，富丽鲜艳。宜兴号称"陶都"，其紫砂陶器古朴典雅，冲茶色味持久。无锡惠山泥人，手法夸张而神态逼真。扬州漆器和玉雕著名。太湖碧螺春，清澈芳香，为绿茶名品。苏州茉莉花茶、太湖银鱼、长江鲥鱼、南京板鸭、镇江香醋为传统名产。洋河大曲、双沟大曲为中国名酒。

─ 风味美食 ─

南京盐水鸭皮白肉嫩、肥而不腻、鲜香美味，具有香、酥、嫩的特点，食之令人回味无穷。淮扬菜名扬天下，以选料严谨、刀工精细、注重本味而著称，招牌名菜有拆烩鲢鱼头、清炖蟹粉狮子头、大煮干丝、醋熘鱼鳜鱼、扬州炒饭、琵琶对虾等。扬州小吃有三丁包、千层糕、双麻酥饼、笋肉锅贴、扬州饼。松鼠桂鱼是苏菜中的名菜，在江南一带是宴席上的上品佳肴。

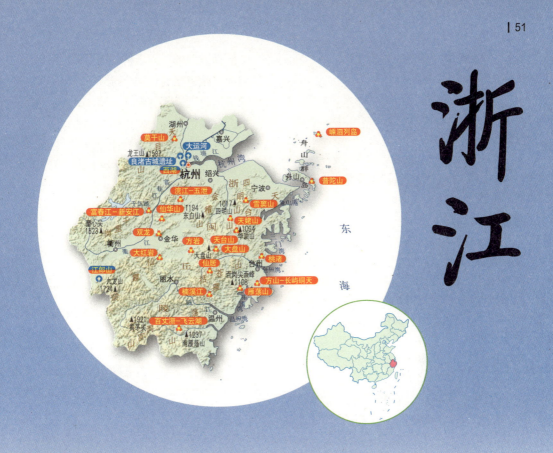

浙江

－人文历史－

浙江省简称浙。地处我国东南沿海，太湖以南，东海之滨。与上海市及江苏、安徽、江西、福建4省为邻。全省面积10万余平方千米。人口5000万，有汉、畲、回、满、苗等民族。省辖11个地级市、20个县级市、32个县、1个自治县及37个市辖区。省会杭州市。

因境内钱塘江旧称"浙江"而得名。秦统一中国后，在此置会稽郡。隋朝开凿京杭运河，沟通南北政治、经济往来，促进了这里的发展。南宋时迁都临安（杭州）。元属江浙行省。明置浙江布政使司。清称浙江省。

－地理地形－

以丘陵、山地为主，山地约占全省面积70%，地势自西南向东北倾斜。主要山脉有雁荡山、天目山、天台山、莫干山，海拔200～1000米以上。西南部的黄茅尖海拔1921米，为

全省最高峰。杭嘉湖平原、宁绍平原、黄岩平原、温州平原和金（华）衢（州）盆地、东阳盆地、浦江盆地，均为重要的粮食及经济作物区。沿海岛屿星罗棋布，共有岛屿3000多个，其中舟山岛为我国第4大岛。海岸线曲折多港湾，以杭州湾为最大，钱塘江入海处的钱塘江潮为世界一大奇观。河流分属苕溪、钱塘江、甬江、灵江、瓯江、飞云江、鳌江等七大水系，以钱塘江为最长，干流长410多千米。大部分河流源短流急、多峡谷急滩，具山溪型河流特色。著名湖泊有杭州的西湖、嘉兴的南湖、鄞州的东钱湖。

－交通概览－

铁路：沪杭线、浙赣线、萧甬线和杭长线构成了"X"状铁路网。

公路：以杭州为中心，六条国道和沪杭甬、上三、甬台温、杭金衢公路，通达省内各

县和大多数乡镇，高速公路通往沪、苏、闽、赣等省市和省内各地级市。

水运：初步形成以宁波、温州、台州、舟山为骨干的大中小配套的港口群。杭州拱宸桥为京杭运河南端终点。

民航：有杭州、宁波、黄岩、温州、义乌等机场，可通往北京、深圳、武汉、香港等40多个城市。

风景名胜

本省既富名山胜水，又多文物古迹，是中国旅游最发达的地区之一。国家重点风景名胜区有杭州西湖、雁荡山、普陀山、富春江－新安江、天台山、嵊泗列岛、楠溪江、莫干山、雪窦山、双龙、仙都、江郎山、仙居、浣江－五泄、方岩、百丈漈－飞云湖。杭州有庄严肃穆的岳王庙、古朴宏伟的六和塔，宁波有全国四大藏书阁之一的天一阁。

杭州西湖：为中国十大风景名胜之一。新老十景素有盛名，加之西湖三面山峦叠翠，湖区内外装点着泉、池、溪、涧、堤、桥、岛、楼、塔、亭、阁等，堪称集自然美与艺术美之大成。游览西湖，以环湖步行为最佳，主要景点有断桥、白堤、孤山、岳王庙、阮公墩、湖心亭、苏堤、三潭印月、雷峰塔，等等。

西溪湿地：位于杭州市西湖区，集生态湿地、城市湿地、文化湿地于一身，堪称中国湿地第一公园。湿地内河流众多，水渚密布，温度适宜，大面积的芦荡，众多飞禽走兽，到处鸟语花香，景色怡人。

雁荡山：中国十大名山之一，素有"海上名山"之誉。位于乐清市境，面积450平方千米，因山间湖畔常有群雁栖息得名。这里有峰、岩、嶂、洞、泉、溪、瀑、潭、涧、湖、桥等景点380余处，以形声奇幻诡怪为特色。

普陀山：位于舟山群岛之内，是中国四大佛教名山之一。岛上有寺院300余座，被誉为"海天佛国"，观音道场。梵音洞怪石嶙峋，磐陀石、风动石皆为著名奇石；古树参天，奇花异草遍布。普陀山四面环海，风光旖旎，幽幻独特，被誉为"第一人间清净地"。

嵊泗列岛：位于舟山群岛北部，由160个大小岛屿组成。气候宜人，是旅游、避暑、疗养胜地。

富春江－新安江：东起杭州，经千岛湖，西通黄山。沿江风景秀丽，多有文物古迹，享有"锦峰秀岭、山水之乡"的美称。

■**千岛湖**：位于杭州市淳安县，即新安江水库，是筑坝拦江而形成的人工湖，是世界上岛屿最多的湖。湖中拥有形态各异的岛屿1000多座，主要景点有梅峰览胜、五龙岛、温馨岛、猴岛、孔雀园、神龙岛、桂花岛等。

■**天台山**：位于台州市天台县城北。是佛教"天台宗"的发源地，现有国清寺、高明寺等众多古迹。

■**楠溪江**：位于温州市永嘉县境内。溪江美在天然与和谐，那些小巧文静的古村落，巧妙穿插融合在绿山秀水之间，沿岸水碧林密，飞瀑成群，展现着幽静辽阔的田园山水风光。有主要景观800余处，大若岩为道教"第十二福地"。

■**横店影视城**：位于金华市东阳市横店镇，是中国最大的影视拍摄基地，被美国权威杂志《好莱坞报道》称为"中国好莱坞"。主要景点有秦王宫、清明上河图、明清宫苑、广州街、香港街、江南水乡、大智禅寺、屏岩洞府、梦幻谷等。

■**乌镇**：位于嘉兴市桐乡市乌镇。是中国几大古镇中历史最悠久、文化最发达的一个。自南宋以来，乌镇历代都有名园巨宅在此兴建，如今仍保留着不少清末民初的古老民居。乌镇也是茅盾的故乡，他笔下的"林家铺子"是游客来乌镇的必游之地。

■**西塘**：位于嘉兴市嘉善县西塘镇，为江南六大古镇之一，以廊棚和古弄独树一帜。古镇河道交织，小桥流水，景色极为秀丽。重要景点有西园、尊闻堂、薛宅、醉园、江南瓦当陈列馆等。

─ 特色产品 ─

西湖龙井茶为国家礼品茶，景宁惠明茶曾获巴拿马金奖，绍兴、诸暨等地的平水珠茶为贡茶。杭菊、浙贝名列"浙八味"之中，黄岩蜜橘则有"天下果实第一"之美誉。金华火腿和绍兴"花雕"酒均为传统名产，建德市严东关五加皮酒曾连获国际金、银奖。杭州丝绸被称为"天上的云霞"，杭州织锦被誉为"东方之花"，温州"瓯绣"形象逼真，萧山花边畅销海外，西湖绸伞、扇子实用又极富艺术性。

─ 风味美食 ─

"清爽别致"是杭州菜的最大特色，选料时鲜，制作精细，注重营养，讲求鲜咸合一，清淡鲜嫩。名菜首推西湖醋鱼、东坡肉、龙井虾仁。小吃更是数不胜数，有虾爆鳝面、片儿川面、知味小笼、葱包桧。嘉兴粽子名闻天下，以五芳斋粽子最著名。另外还有南湖菱角、南湖蟹、文虎酱鸭、藕粉饺等。金华火腿以色香味形驰名世界，是金华的一大品牌。

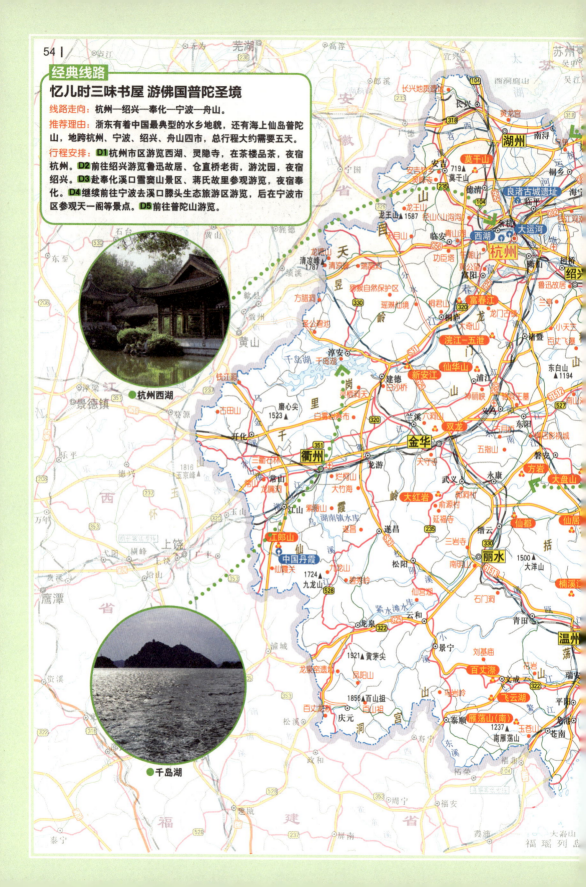

经典线路

忆儿时三味书屋 游佛国普陀圣境

线路走向：杭州—绍兴—奉化—宁波—舟山。

推荐理由：浙东有着中国最典型的水乡地貌，还有海上仙岛普陀山，地跨杭州、宁波、绍兴、舟山四市，总行程大约需要五天。

行程安排：**D1**杭州市区游览西湖、灵隐寺，在茶楼品茶，夜宿杭州。**D2**前往绍兴游览鲁迅故居、仓直桥老街，游沈园，夜宿绍兴。**D3**赴奉化溪口雪窦山景区、蒋氏故里参观游览，夜宿奉化。**D4**继续前往宁波去溪口滕头生态旅游区游览，后在宁波市区参观天一阁等景点。**D5**前往普陀山游览。

● 杭州西湖

● 千岛湖

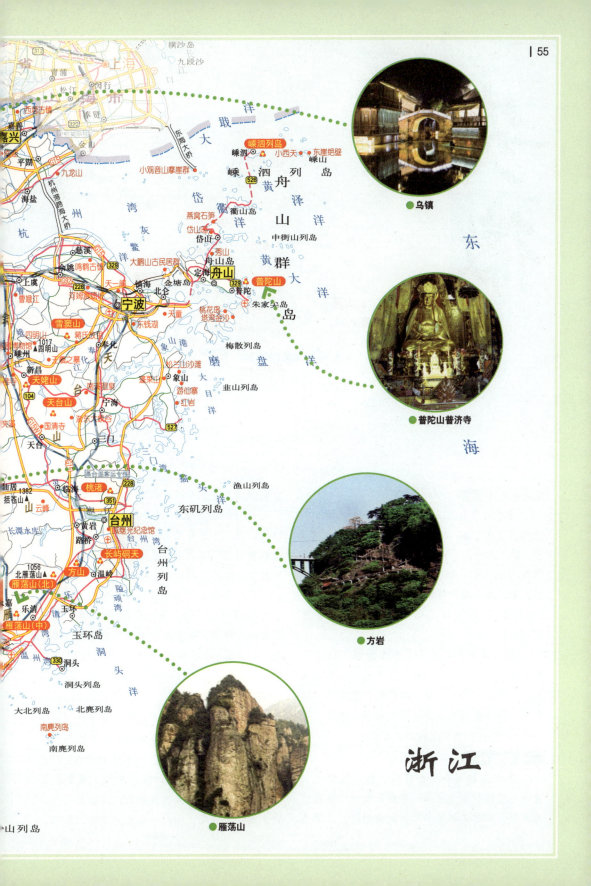

● 乌镇

● 普陀山普济寺

● 方岩

● 雁荡山

浙 江

安徽

亳州　淮北
宿州
涡　蚌埠　河　张
阜阳　颍　淮　八
河　淮南　岭
滁州
六安　琅琊山
合肥　马鞍山
巢湖　长　采石矶
水　1774　芜湖　江　太极洞
别　月亮尖　铜陵　宣城
天柱山　中　齐山-平天湖
花亭湖　长　安庆　池州十王峰　九华山
平　九　1344　龙川
原　莲花峰　黄山
皖南古村落　1864.8米
齐云山　黄山

人文历史

安徽省简称皖。地处长江中下游，居华东腹地。东连江苏、浙江2省，北靠山东、江苏2省，西接河南、湖北2省，南邻江西省。全省面积约14万平方千米。人口7083万，有汉、满、回、壮、畲、布依等民族。省辖16个地级市、9个县级市、50个县、45个市辖区。省会合肥市。

夏、商时代，这里是东夷地域。战国后期属楚，楚都曾迁于寿春（今寿县）。秦时设九江、泗水、颍川、砀、郯等郡。汉属扬、豫等州。明直隶南京。清初属江南省，康熙六年（公元1667年）由江南省分设安徽省。

地理地形

大别山脉雄峙于西部鄂、豫、皖边境，北部是辽阔的淮北平原，中部是起伏绵延的江淮丘陵，南部是峰峦叠翠的皖南山区。地势西

南高，东北低。主要山地有大别山、黄山、九华山。大别山海拔1000米，黄山莲花峰海拔1864.8米，为省内最高峰。平原、丘陵各占全省总面积的30%左右，主要有淮河平原、皖中平原、江淮丘陵和皖南低山丘陵。河流分属长江、淮河和新安江三大水系，其中长江斜贯本省约400多千米，淮河横贯北部。省内多湖泊，较大的有巢湖、大官湖、泊湖、龙感湖、菜子湖、瓦埠湖、城东湖等30多个，面积约800平方千米的巢湖最大。

交通概览

铁路：有淮南线、宁铜线、滩阜线、水张线、皖赣线、符夹线，有京沪线、京九线、陇海线过境，京沪高铁过境，合武高铁开通。

公路：以合肥、六安、蚌埠、阜阳、宿州、芜湖、黄山、安庆为枢纽，沟通各县及多数乡镇，有合肥至徐州、南京、宣城、宿松、

六安、蚌埠至界首等高速公路。

水运：长江、淮河及主要支流通航。芜湖是全省最大河港，裕溪口是现代化煤炭转运港，马鞍山、铜陵、安庆也是主要河港。

民航：有合肥、黄山、阜阳、安庆四个机场，开辟了省内外20多条航线。

风景名胜

省内山清水秀，又多文物古迹。国家重点风景名胜区有黄山、天柱山、九华山、琅琊山、齐云山、采石、巢湖、花山谜窟－浙江等。黄山和安徽古村落被列入世界遗产名录。

黄山：位于黄山市，连绵160多千米，山高谷深，劈地摩天，有2湖、3瀑、20潭、24溪、72峰，更以怪石、奇松、温泉、云海为"四绝"，还有许多珍奇的动植物。黄山主峰为莲花峰，海拔1864.8米，被誉为天下第一奇山，后人引明代徐霞客之言赞曰"五岳归来不看山，黄山归来不看岳。迎客松是黄山的标志。

屯溪老街：位于黄山市，是伴随着徽商而兴起的，街道两旁店家鳞次栉比，清一色的徽派建筑风格，透溢出一股浓郁的古风神韵。街上的老字号店铺数十家，其中"同德仁"，是清同治二年开设的中药店。

天柱山：位于安庆市潜山县。有42峰、16岩、53怪石、25洞、17崖、48寨等。这里秀竹奇松，流泉飞瀑分布其间，还有群山环抱、绿竹掩映的佛光寺，四周古木参天的山谷寺。

九华山：九华山位于安徽省池州市，最高峰海拔1344.4米，素来有"东南第一峰"的美誉。九华山又是宗教名山，山间有大小寺院70余所，佛像几千尊，与山西五台山、四川峨眉山和浙江普陀山并称中国四大佛教名山。山有99峰，可见怪石、奇松、飞瀑、深潭、流泉、园林，山中遍布岩洞。九华街是一处海拔约640米的山中盆地，四周青翠如峰，环山如城，景色秀丽，是九华山的核心景区，也是香客的集散之地。众多的寺庙和佛塔都集中在九华街，如化城寺、放生池和肉身殿等。

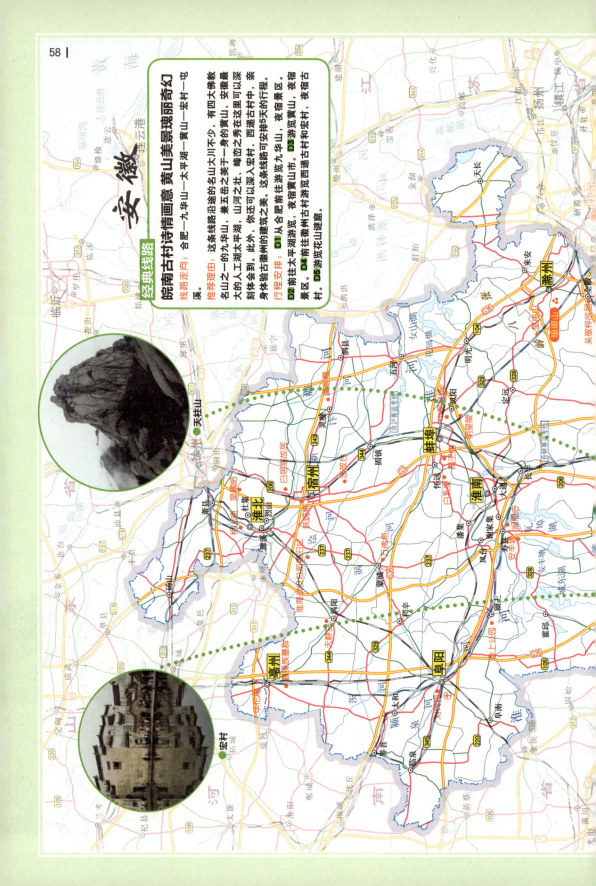

安徽

经典线路

皖南古村诗情画意 黄山美景瑰丽奇幻

线路走向：合肥一九华山一太平湖一黄山一宏村一屯溪。

推荐理由：这条线路沿途的名山大川不少，有四大佛教名山之一的九华山，兼五岳之美于一身的黄山，安徽最大的人工湖太平湖，峰峦之秀在这里可以深刻体会到。此外，你还可以深入宏村，西递古村中，亲身体验古徽州的建筑之美。这条线路可安排5天的行程。

行程安排：D1 从合肥出发前往九华山，夜宿景区。D2 前往太平湖游览，夜宿黄山市。D3 游览黄山，夜宿景区。D4 前往徽州古村游览西递古村和宏村，夜宿古村。D5 游览花山谜窟。

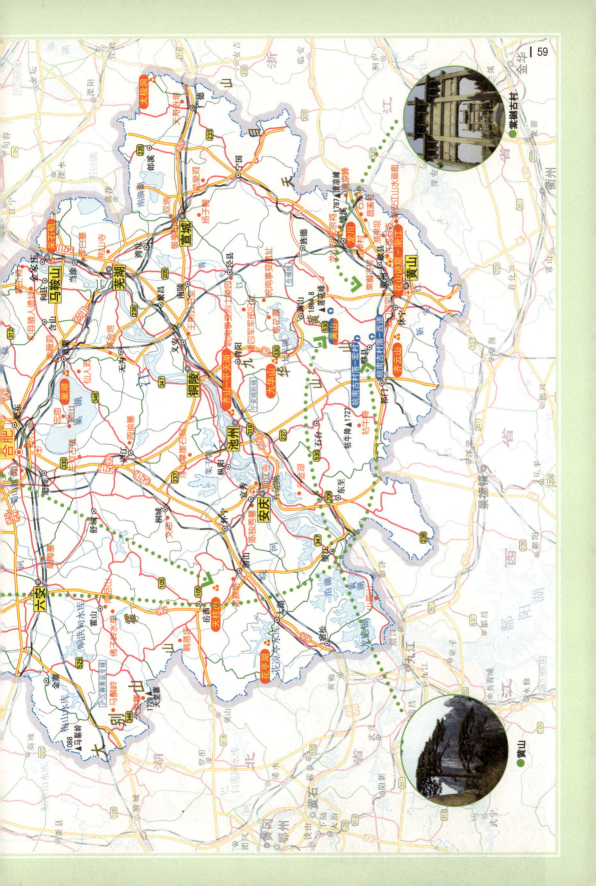

棠樾古村

黄山

■**琅琊山**：位于滁州西南。山中有唐建琅琊寺，宋建醉翁亭，摩崖碑、酿泉、归云洞、石山松、南天门。北宋文学家欧阳修著《醉翁亭记》之后，此山名扬天下。

■**花山谜窟**：位于黄山市屯溪区东部，浙江南岸，集青山绿水、千年谜窟、摩崖石刻为一体，这些石窟形态各异，有的迂回通幽，神秘莫测，有的石柱擎天，宏伟雄浑，皆为巧夺天工之作，被誉为"北纬30度神秘线上的第九大奇观"。

■**徽州古城**：位于黄山市歙县县城徽城镇，是千年徽州府所在地。主要有仁和楼、得月楼、茶楼、惠风石坊、徽园第一楼、过街楼、古戏楼等，其中著名的有斗山街、太白楼、许国石舫和陶行知纪念馆。

■**安徽古村落**：黄山市位于黟县城东，包括西递村和宏村两处村落。西递村有"桃花源里人家"之称。西递村中徽派建筑错落有致，至今尚有明清民居近200幢，有砖、木、石雕点缀其间。在敬爱堂、履福堂、刺史牌楼等公共建筑之前有小广场。宏村整个村落占地30公顷，枕雷岗面南湖，山明水秀，享有"中国画里的乡村"之美称。现有明代民居1幢、清代民居132幢。古民居建筑层楼叠院，鳞次栉比，青瓦白墙，质朴典雅，其间的"承志堂"是黟县保护最完美的古民居。现已成为皖南旅游胜地。

—**特色产品**—

祁红茶、屯绿茶、黄山毛峰著名，畅销国内外。水果以砀山梨、萧县葡萄、水东蜜枣著名。亳州古井贡酒是中国名酒之一。泾县的宣纸和歙县的徽墨、歙砚为文房四宝中的珍品。芜湖铁画、蚌埠首饰和玉雕、阜阳剪纸、舒城贡席亦有名。

—**风味美食**—

合肥名菜有包公鱼、曹操鸡、怀胎鱼、油爆虾、李鸿章大杂烩等，点心小吃以四大名点即麻饼、烘糕、寸金、白切著称，淮河路步行街和宁国路是美食集中营。曹操鸡皮黄骨酥，肉白细嫩，不同于烧鸡和扒鸡，相传此菜为曹操御厨发明，曾治曹操劳累之症，而后声名大噪，流传至今。臭鳜鱼是徽州名菜，俗称"腌鲜鱼"，所谓"腌鲜"，就是臭的意思，第一次点这道菜的人往往会避之不及，因为其臭味难挡，但其实这道菜闻着臭吃着香，口味醇厚，十分入味。油煎毛豆腐是歙县街头巷尾都能买到的小吃，吃起来鲜而不腻，浓香可口。

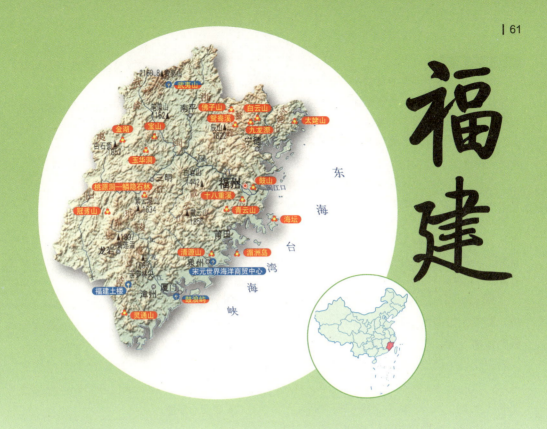

福建

─人文历史─

　　福建省简称闽。地处我国东南沿海。东隔台湾海峡与台湾省相望，东北与浙江省毗邻，西北以武夷山脉与江西省交界，西南与广东省相连。全省面积12万余平方千米。人口3861万，有汉、畲、回、满、苗、壮和高山等民族。省辖9个地级市、11个县级市、42个县及31个市辖区。省会福州市。

　　早在原始社会，就有人类在此繁衍生息。秦统一中国后，设闽中郡。汉称闽越国。宋置福建路。元置福建省，沿袭至今。

─地理地形─

　　地势西北高，东南低。境内峰岭连绵不断，山地丘陵约占总面积的80%，有"八山一水一分田"之称。主要山脉有武夷山、太姥山、鹫峰山、戴云山，多呈东北—西南走向。武夷山的顶峰黄岗山海拔2157米，为本省最高点。主要平原有福州平原、莆仙平原、泉州平原、漳州平原。主要河流、湖泊有闽江、晋江、九龙江和晋江的龙湖、福州的西湖，闽江为本省最大河流，干流长584千米。由于河流穿切山地，境内多峡谷、急流。主要港湾有沙埕港、三沙湾、罗源湾、湄州湾、东山湾。沿海岛屿1400多个，较大的有金门岛、东山岛、海坛岛。

─交通概览─

　　铁路：有鹰厦线、赣龙线、峰福线、漳龙线和温福、福厦高铁。

　　公路：高速公路北通浙江、南至广东、西至江西，并通往省内各地级市。公路可达省内各乡镇。

　　水运：水路运输最为发达，马尾、泉州、厦门都是历史悠久的国际海港。

　　民航：有福州、厦门两个国际机场和武夷山、晋江机场，通往北京、上海、广州、西安、香港等国内40多个城市，厦门机场还通往曼谷、马尼拉、吉隆坡和新加坡。

—风景名胜—

以山青水绿、风景秀丽闻名，有主要风景名胜40多处，全国重点文物保护单位40多个。国家重点风景名胜区有武夷山、太姥山、清源山、鼓浪屿—万石山、桃源洞—鳞隐石林、鸳鸯溪、冠豸山、海坛、金湖、鼓山、玉华洞、十八重溪、青云山等。武夷山的野生动植物资源丰富，早以生物标本的模式产地闻名，被列入世界遗产名录和"人与生物圈"保护计划。此外，还有怪石嶙峋、林壑幽然的乌山三十六奇景，形似巨鳌、登山可览福州景色的于山以及莆田广化寺。

■**武夷山风景区**：位于武夷山脉北段南麓，武夷山市境内，面积约60平方千米。武夷山集道、佛、儒教于一身，是一座历史悠久的文化名山。山间九曲溪盘桓，三十六峰各异，丹山碧水相映，兼有黄山之奇、桂林之秀、西湖之俊、泰山之雄，碧水丹山，一曲一个景，曲曲景相异，构成了奇幻百出的武夷山水之胜。主要景点有九曲溪、水帘洞、碧玉岩、桃源洞、三仰峰、武夷宫、云窝、天游峰，兼有岩棺、武夷精舍、赤石暴动旧址。

■**太姥山**：位于福鼎市南部，面积60平方千米，三面临海，有"山海大观"、"关东第一山"之称。

■**鼓山风景名胜区**：位于福州市晋安区，以云雾、奇峰、峡谷、洞府、石景、溪流、瀑布、古建筑、摩崖石刻等自然、人文景观著称，有石鼓景区、磨溪景区、凤池—白云洞景区、长田—鳝溪景区、南洋—安安溪景区、鼓岭景区六大景区。

■**清源山**：位于泉州市北，距城约3千米，俗称"北山"。山上树木葱郁，烟雾缭绕，山石奇特，泉水清澈，元人称"闽海蓬莱第一山"。清源山是名副其实的宗教名山，道教、佛教、喇嘛教以及古摩尼教都留下了重要历史遗迹。

■**白水洋**：位于宁德市屏南县双溪镇。因其奇特的地质地貌现象而被誉为"天下绝景，宇宙之谜"，白水洋河床布水均匀，

有宽近百米的折水弧瀑，有近百米的水上滑道，赤身冲浪不伤肌肤，下与燕潭沙滩相连，既是天然的冲浪场所，又是天然的水上游乐场。

鼓浪屿：厦门西南海中的一座小岛，面积1.77平方千米。因岛西南角有一岩洞，涨潮时浪涛撞击，发出如鼓浪声而得名。这里四季如春，树木苍翠，鲜花常开，素有"海上花园"美称。岛上不得行车，皆为游人天地。登临主峰日光岩，可眺望厦门和金门岛。

万石山：位于厦门市区南部，岩奇石怪，千姿万态，有"万石朝天"、"中岩玉笋"、"太平石笑"、"天界醉仙"、"紫云得路"、"高读琴洞"、"虎溪夜月"、"长寿峡"等自然景点。

福建土楼：天外飞碟般的土楼群早已是名震天下，现存的土楼也是数量很多，尤以南靖、永定、华安三县的土楼最为精美壮观。田螺坑土楼被认为是最美的土楼，它由一座方形的土楼步云楼和四座圆形的土楼振昌楼、瑞云楼、和昌楼、文昌楼组成，精美绝伦，璀璨夺目，站在高处俯瞰如一桌菜，人们戏称为"四菜一汤"。

─特色产品─

福州脱胎漆器、寿山石雕及软木画、磨漆画，厦门珠绣，泉州木偶等既有悠久历史又在不断创新，产品畅销国内外。龙眼（桂圆）产量全国第一，龙岩蜜橘品质优良，福州蜜饯素有名气，武夷岩茶（有"大红袍"、"水仙"等名品）、福建"乌龙茶"（有"安溪"、"铁观音" 等名品）、福州茉莉花茶久负盛名。素有"凌波仙子"之称的漳州水仙独占国内外市场。建宁、 建阳一带的"建莲"向为莲中珍品。

─风味美食─

福州的名菜有佛跳墙、荔枝肉、红糟醉香鸡、八宝书包鱼、鸡茸鱼唇、荷包鱼翅等。吃佛跳墙及其他传统名菜可以去聚春园。福州的传统特色小吃有鱼丸、芋泥、锅边糊、芋果、九层果、光饼、肉松、葱肉饼、燕皮、线面、春卷。到厦门海鲜是不用说，中山路、大嶝岛还有鼓浪屿龙头路都是吃货天堂。厦门名吃有姜母鸭、土笋冻、海蛎煎、花生汤、沙茶面、叶氏麻糍、扁食、同安封肉、厦门馅饼。

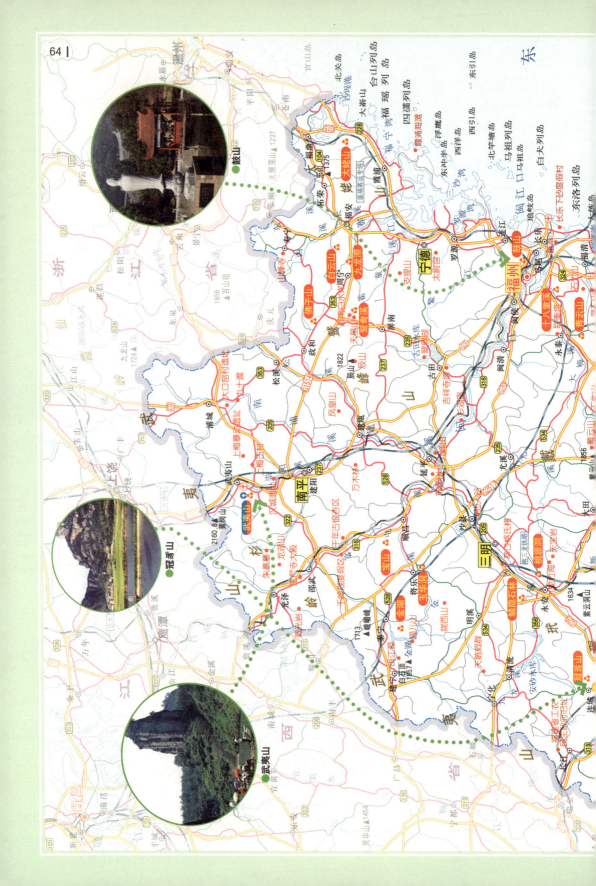

福建

海

台 湾 海 峡

南 海

● 清源山

● 鼓浪屿

● 福建土楼（南靖）

经典线路

名山秀水寻野趣 古镇古桥寻美景

线路走向：福州—厦门—南靖—龙岩—南平—武夷山。

推荐理由：这条线路基本囊括了福建境内的旅游精华，沿途可以欣赏到厦门海滨风光、客家土楼风貌，还有丹霞景观、风景宜人的武夷山。

行程安排：**D1**福州前往厦门市，游览环岛路。**D2**游览鼓浪屿风景区，夜宿鼓浪屿。**D3**从厦门市前往田螺坑村参观客家土楼群，之后到附近的河坑村参观，夜宿永定土楼群，参观永定土楼，夜宿永定。**D5**前往南平，夜宿南平。**D6**前往武夷山游览。

江西

人文历史

江西省简称赣。地处我国长江中下游南侧。东邻浙江、福建2省，北邻安徽、湖北2省，西邻湖南省，南邻广东省。全省面积约17万平方千米。人口5026万，有汉、回、苗、畲、瑶等民族。省辖11个地级市、12个县级市、61个县、27个市辖区。省会南昌市。

春秋属楚、吴、越，战国时属楚地。秦置九江郡。汉置豫章郡。晋置江州。唐分设数州属江南西道。宋属江南东、西两路。元置江西行省。清为江西省。

地理地形

东、南、西三面环山，中部多丘陵起伏，北部有坦荡的平原，整个地势由外及里，从南向北渐次向鄱阳湖倾斜，构成一个向北开口的巨大盆地。山地、丘陵约占总面积的70%。东部自北至南为黄山余脉、怀玉山、武夷山、大体为东北—西南走向。北部山地海拔约500~1000米，庐山耸立在鄱阳湖畔，主峰汉阳峰海拔1473.4米。南部属南岭山地，有九连山、大庾岭等。西部山地北有九岭山、幕阜山，南有罗霄山。闽赣边界的黄岗山为本省最高峰，海拔2160.8米。中部丘陵位于鄱阳湖以南，三面山地环绕，丘陵间亦多红色盆地，以吉安盆地为最大。鄱阳湖平原位于本省北部，亦称豫章平原或鄱阳盆地，为冲积、湖积平原，是长江中下游平原的一部分，面积约2万平方千米。鄱阳湖是我国最大的淡水湖。赣江、抚河、信江、鄱江、修水等五大江河，均发源于边境山地，自南、东、西三面注入鄱阳湖。

交通概览

铁路：纵贯南北的京九线和横贯北部的浙赣线为主要干线，东南连接鹰厦线，东北连接皖赣线，西接京广铁路。

公路：建成纵横连贯的公路网，实现了乡镇通汽车，各重要革命遗址均有公路相通。南部公路运输尤为重要。高速公路与湖北、湖南、广东相通，并通往省内各地级市。

水运：以赣、抚、信、鄱、修五大河为主干，总汇于鄱阳湖，通长江。赣江自赣州以下常年通航，沟通南北，航运价值最高。南昌、九江为主要河港。

民航：有南昌昌北机场、赣州黄金机场和景德镇、九江机场。通往北京、上海、杭州、长沙、广州、昆明等多个城市。

一风景名胜一

本省富山水之胜，素称人杰地灵之地。国家重点风景名胜区有庐山、井冈山、三清山、龙虎山、仙女湖和三百山、梅岭—滕王阁、龟峰。庐山已列入世界遗产名录。此外，还有许多历史名人故里等景点。

滕王阁：位于南昌市东湖区，因唐代诗人王勃的《滕王阁序》一文而名满天下，与武汉黄鹤楼、湖南岳阳楼并称"江南三大名楼"。登临阁楼，背城面江临风怀古，一时间诗意盎然。

庐山风景区：位于九江之南，是驰名中外的游览避暑胜地，以"雄、奇、险、秀"闻名于世，山间层峦叠翠，云雾缭绕，多清泉飞瀑，自古有"匡庐奇秀甲天下"之美誉。风景区以牯岭街为中心，包括花径、仙人洞、五老峰、龙首崖、大天池、小天池、含鄱口、美庐、锦绣谷、三叠泉等景点。庐山又是一座文化名山，自东晋到近代，众多文人墨客都曾游览题咏庐山。

井冈山风景区：位于江西和湖南交界的罗霄山脉中段，青山翠岗，层峦叠嶂，动植物资源丰富，为国家级自然保护区。井冈山市是座公园式的山城，风景游览面积达7万平方米，以独特的高山田园风光和丰富的

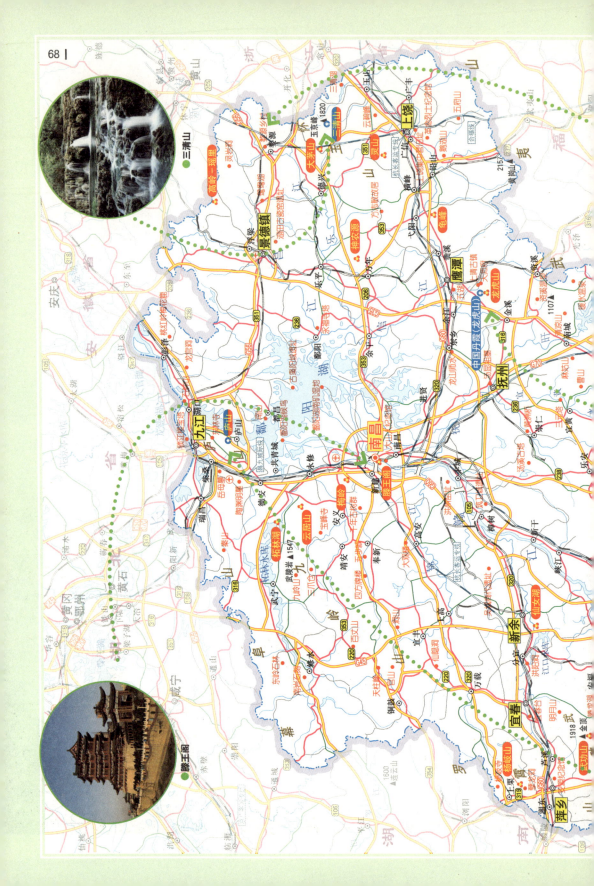

三清山

● 高岭—瑶里

滕王阁

三清山

景德镇

上饶

鹰潭

龙虎山

中国丹霞(龙虎山)

抚州

南昌

九江

庐山

井冈山

云居山

新余

宜春

萍乡

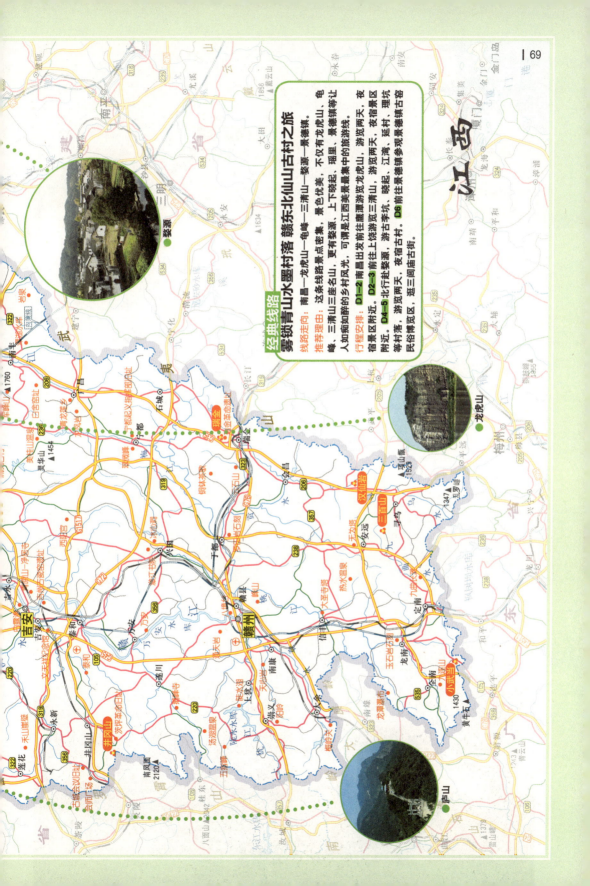

江西

经典线路

雾锁青山水墨村落 赣东北仙山古村之旅

线路走向：南昌—龙虎山—龟峰山—三清山—婺源—景德镇。

推荐理由：这条线路景点密集，景色优美。不仅有龙虎山、龟峰、三清山三座名山，更有婺源、景德镇等让人如痴如醉的乡村风光，可谓是江西最美最集中的旅游线。

行程安排：**D1—2** 南昌出发前往鹰潭游览龙虎山，游览两天，夜宿景区附近。**D2—3** 前往上饶游览三清山，游览两天，夜宿景区附近。**D4—5** 北行赴婺源，游览李坑、江湾、晓起、理坑等村落，游览两天，夜宿古村。**D6** 前往景德镇参观景德镇古瓷民俗博览区，逛三间庙古街。

婺源

龙虎山

庐山

革命人文景观闻名于世。如革命旧址最集中的茨坪、井冈山斗争时期红军建筑的五大哨口。

龙虎山：位于鹰潭市贵溪市，是中国第八处世界自然遗产，属于典型的丹霞地貌，风景秀丽异常，山石奇特古怪。龙虎山也是一座宗教名山，是中国道教的发源地，保留着众多道教的历史遗迹。

三清山：位于上饶市玉山县。三清山风景秀丽，奇特壮观，以奇松怪石、云海落霞而冠绝天下，享有江南第一仙峰的殊誉。三清山又是一座道教名山，东晋葛洪在此开坛立说，被视为开山始祖。

武功山：位于萍乡市芦溪县，为江西第一高峰，历史上曾与衡山、庐山齐名，被誉为"衡首庐尾武功中"。武功山奇峰罗列，瑰丽壮美，形态诡异，美妙绝伦。景区内的高山草甸、千年古祭坛群和瀑布群，堪称三大绝景，令人神往。

婺源：是徽州文化发源地，现以其古朴精致的徽派民居、秀丽多姿的山水古村还有迷人的油菜花海吸引着众多的游人，被外界称作"中国最美的乡村"。江岭是婺源最值得一去的地方，漫山遍野的油菜花层层叠叠，从山顶到山谷，如梯田一般，中间几个小村庄，灰墙白瓦，间杂在金黄之中，如在画中。

— 特色产品 —

本省多名茶，庐山云雾茶、婺源"婺绿"、修水与武宁的"宁红"在国际上素有盛名。南丰蜜橘、三湖红橘、遂川金橘、信丰脐橙等为柑橘名品。广昌白莲、万载百合亦有名。鄱阳湖银鱼、长江鲥鱼、赣江鲥鱼、庐山石鱼为著名水产。樟树市四特酒，有清、香、醇、纯特点。景德镇瓷器"白如玉、明如镜、薄如纸、声如磬"，尤以青花瓷、彩釉瓷为传统名产。婺源龙尾砚为中国四大名砚之一，玉山罗纹砚、星子金星砚亦久负盛名。其他特产有庐山竹丝书帘、靖安翻簧竹刻、万载夏布等。

— 风味美食 —

南昌菜口味鲜辣，名菜有赣味乳狗肉、蒿蒿炒腊肉、豫章酥鸭、三杯狗肉、三杯脚鱼等，特色小吃有南昌米粉、瓦罐汤和石头街麻花，蛤蟆街和孺子路是最为著名的小吃街；庐山"三石一茶"赫赫有名，庐山石鸡、庐山石鱼和庐山石耳，不可不尝，黄焖石鸡、三杯石鸡、石鱼炒蛋、脆皮石鱼卷、如意石耳都是庐山名菜；婺源菜以粉蒸、清蒸和糊菜为其鲜明特色，荷包红鲤是去婺源必吃的一道菜，蒸汽糕是当地最具特色的小吃。

山东

—人文历史—

山东省简称鲁。地处我国东部沿海的中北段，黄河下游。半岛部分西北临渤海，东北和南部临黄海，隔渤海海峡与辽宁省相望，内陆部分与河北、河南、安徽、江苏4省接壤。全省面积16万余平方千米。人口10096万，有汉、回、满等民族。省辖16个地级市、26个县级市、52个县及58个市辖区。省会济南市。

本省是我国古代文化发祥地之一，至今已有4000年有文字可考的历史。西周至春秋战国，这里为齐、鲁两国之地，故今简称"鲁"或"齐鲁"。秦置济北、胶东、琅琊等郡。汉属青、兖、徐州。金代置山东东、西二路。明置山东布政使司。清为山东省，沿袭至今。

—地理地形—

境内以平原和山地丘陵为主，中部高四周低，即以泰、沂、蒙、鲁山脉为主体，向四周经低山丘陵逐渐过渡到山前平原和黄泛平原，

形成以山地丘陵为骨架、平原盆地交错环列其周的地形。山地面积占全省面积20%左右，主要山脉有泰山、蒙山、崂山、鲁山、沂山和徂徕山。泰山为五岳之首，其主峰玉皇顶海拔1532.7米，为本省最高峰。主要平原有鲁西、鲁北、胶莱平原等。河网较为发达，黄河横穿东西，大运河纵贯南北，干流长度大于100千米的河流有18条，各河流分属黄河、海河、淮河三大流域。胶东沿海诸河独流入海，鲁中南和山东半岛的河流均为山溪性，源短流急，暴涨暴落，洪枯悬殊；鲁西、鲁北平原的河流为坡水性，坡小流缓，河道淤积，排洪能力较弱。主要湖泊有微山湖、昭阳湖、独山湖、南阳湖。

—交通概览—

铁路：省内有胶济线、蓝烟线、石德线、兖石线、新兖线，过境的京九线、京沪线及京

沪高铁纵贯西部。

公路：县市通汽车，乡镇有公路，高速主要有京台、京沪、沈海、长深、青银等线过境，以济南为中心，通往各地级城市，为全国高速公路最发达省。

水运：有青岛、烟台、日照、威海、龙口等海港。境内黄河、小清河通航。

民航：有济南、青岛、烟台、威海、潍坊、临沂等机场，可通国内50多个城市。青岛有至日本福冈、韩国首尔、釜山的班机。

风景名胜

境内既富名山胜水，又多文物古迹。国家重点风景名胜区有泰山、青岛崂山、胶东半岛海滨、博山和青州。泰山风景名胜区和孔庙、孔府、孔林已被联合国分别列为世界双重遗产与文化遗产。

■趵突泉：是泉城济南的标志，有"游济南不游趵突泉不成游"之说，相传乾隆皇帝下江南，路过济南品尝了趵突泉水后，便提笔写下"天下第一泉"。

■珍珠泉：为济南第三大名泉，位于济南旧城中心，泉水清澈如碧，仿佛万颗珍珠飘洒，迷离动人。珍珠泉景区内有一株宋代海棠，已有千年的历史，相传是济南太守曾巩所栽。

■泰山：位于泰安市。泰山又称东岳，自古便有"五岳独尊"的美誉，是世界自然

与文化双重遗产，数千年来，先后有12位皇帝来泰山封禅。从山麓到峰顶的高差达1392米，名胜有中天门、十八盘、南天门等。登临峰顶可观赏"旭日东升"、"晚霞夕照"、"黄河金带"、"云海玉盘"四大奇观。著名景点有天烛峰、日观峰、百丈崖、仙人桥、五大夫松、望人松、龙潭飞瀑等。

■孔府：位于曲阜城内，是历代衍圣公——孔子嫡系长子长孙的官署和私邸。始建于北宋宝元元年（1038年），后经历代扩建，占地16万平方米，有历史文物数万件。

■孔庙：东邻孔府，是中国历代帝王祭祀孔子之地。现孔庙为明、清两代所建，占地21.8万平方米。

■孔林：在曲阜城北1.5千米处。系孔子及其家族的专用墓地，占地200万平方米。四周是高大宽厚围墙，墙内古树参天。

■胶东半岛海滨：位于山东半岛东北部，包括陆上自西向东的蓬莱、烟台、威海、成山角四大片及与之邻近的海上长山岛、黑山岛、庙岛、刘公岛等长达200多千米的风景名胜区。

■崂山：位于青岛市区东北约30千米处。山势东陡西平，海山相连，主峰崂顶又名巨峰，海拔1132米。群峰拔地而起，雄伟壮观，气候宜人，名胜荟萃。自古被认为是"神仙居住的境地"，今为著名游览避暑胜地。

■蓬莱阁：位于蓬莱市城西北1.5千米临海的丹崖山上，面积约3.28公顷。宜观日出，眺海景，更有海市蜃楼之景，历来为文人雅士聚会之地，今留有名人题刻200余帧。太清景区以道教圣地和天然海石为特色，太清宫是崂山历史最悠久的道教殿堂，相传建于西汉建元元年，由三官殿、三皇殿、三清殿组成，风格简朴，有神水泉、龙头榆、摩崖石刻等景点。

■刘公岛：位于威海港以东约4千米处。形成天然的海上屏障，是清末北洋水师的主要基地。中日甲午战争中，丁汝昌、邓世昌等官兵壮烈殉国，今水师提督旧址内辟有甲午海战文物陈列室。

特色产品

山东特产主要有烟台苹果、莱阳梨、黑葡萄、乐陵小枣为果中佳品，青岛啤酒、崂山矿泉水、济南高粱饴、德州扒鸡、东阿阿胶为著名特产。东阿阿胶因产于东阿县而得名，它以专用黑驴皮与当地得天独厚的天然水质——狼溪河水熬制而成，已有两千年历史，与人参、鹿茸并称中药三宝。菏泽有"牡丹之乡"美称，鲜花空运出口。曲阜有碑帖、楷雕和尼山砚合称"曲阜三宝"。还有海产品，新鲜的海鲜和干货品种丰富。

风味美食

济南菜属于鲁菜菜系，名菜有糖醋鲤鱼、官保鸡丁、九转大肠、油爆双脆等，著名小吃有油旋、盘丝饼、锅贴、糖酥煎饼、罗汉饼、金钱酥、清蒸蜜三刀等。曲阜孔府宴分为寿宴、花宴、喜庆宴、迎宾宴、家常宴等，主要菜品包括神仙鸭子、一品海参、孔门干肉、四喜丸子、花篮鳜鱼和一品豆腐等。青岛盛产海参、扇贝、鲍鱼、海螺、大对虾、加吉鱼等，海鲜是青岛最拿手的美食，烟威两地属于鲁菜中的胶东口味，名菜和小吃主要有芙蓉干贝、葱烧海参、梭子蟹、油焖大虾、清蒸加吉鱼、红烧海螺、红烧对虾、福山拉面等。淄博烧烤以周到的服务，实惠的价格，特色的烧烤成为外省食客的最佳打卡地。

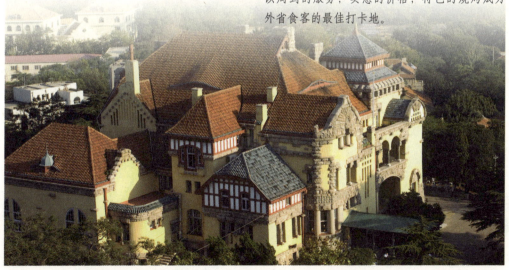

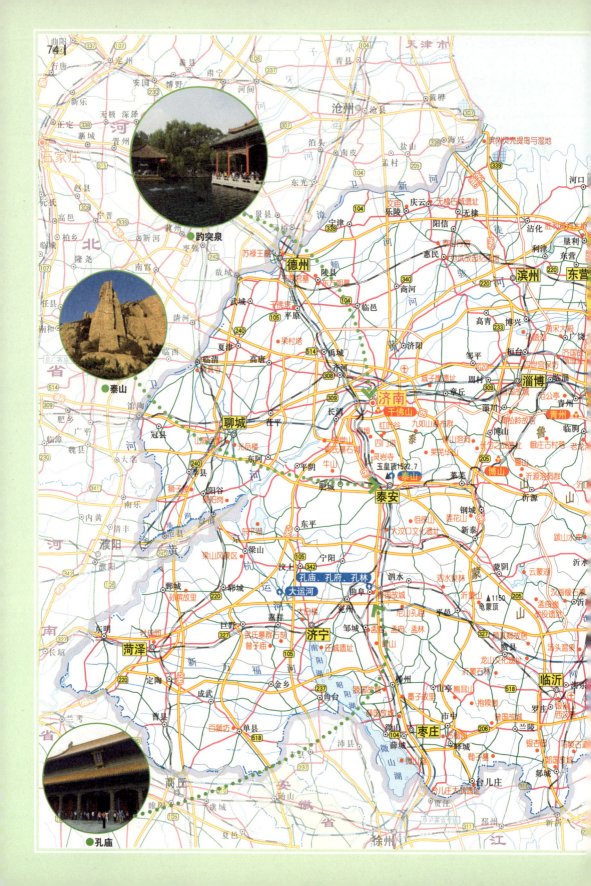

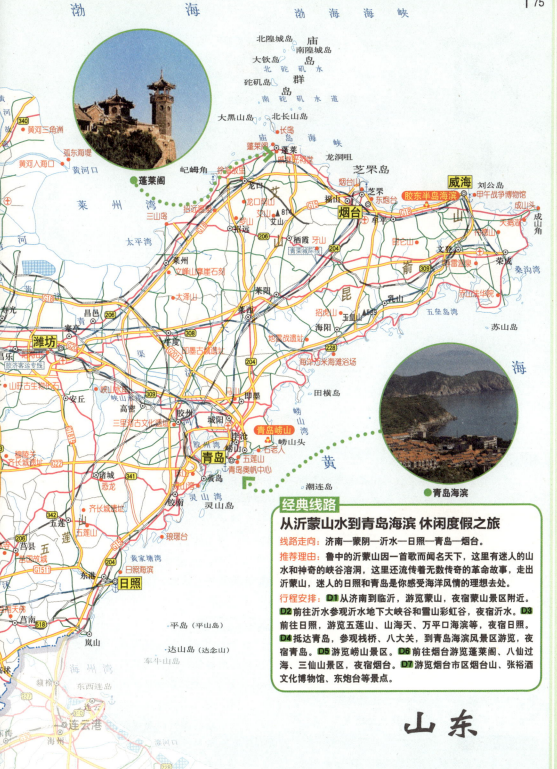

蓬莱阁

青岛海滨

经典线路

从沂蒙山水到青岛海滨 休闲度假之旅

线路走向：济南—蒙阴—沂水—日照—青岛—烟台。

推荐理由：鲁中的沂蒙山因一首歌而闻名天下，这里有迷人的山水和神奇的峡谷溶洞，这里还流传着无数传奇的革命故事，走出沂蒙山，迷人的日照和青岛是你感受海洋风情的理想去处。

行程安排：D1 从济南到临沂，游览蒙山，夜宿蒙山景区附近。D2 前往沂水参观沂水地下大峡谷和雪山彩虹谷，夜宿沂水。D3 前往日照，游览五莲山、山海天、万平口海滨等，夜宿日照。D4 抵达青岛，参观栈桥、八大关，到青岛海滨风景区游览，夜宿青岛。D5 游崂山景区。D6 前往烟台游览蓬莱阁、八仙过海、三仙山景区，夜宿烟台。D7 游览烟台市区烟台山、张裕酒文化博物馆、东炮台等景点。

山东

河南

地图标注：殷墟、林虑山、万仙山、安阳、鹤壁、濮阳、云台山、焦作、新乡、华、王屋山、青天河、神农山、黄河、三门峡、丝绸之路、嵩山、郑州、开封、河、商丘、龙门石窟、洛阳、天地之中历史建筑群、北、许昌、石人山、平顶山、漯河、周口、平、南阳、驻马店、原、太白顶1140、桐柏山—淮源、信阳、鸡公山744、鸡公山、淮、大、湖

人文历史

河南省简称豫。地处我国中部偏东的黄河中下游地区，向有"中原"之称。与山东、安徽、河北、山西、陕西、湖北6省接壤。全省总面积约17万平方千米。人口11444万，有汉、回、蒙古、满、壮等民族。省辖17个地级市、21个县级市、82个县及54个市辖区。省会郑州市。

河南省是中华民族发祥和经济开发最早的地区之一，境内发现五六千年前的裴李岗文化、仰韶文化和龙山文化。夏代以嵩山、洛阳为中心，殷商时安阳附近已有相当发达的文明。自周至宋，10多个朝代在这里建都。元代置省。明为河南布政使司。清称河南省。

地理地形

地势西高东低，西北、西、南三面为山地环抱，东部平原辽阔。山地约占全省面积的26%，丘陵约占18%，平原约占56%。主要山脉有太行山、崤山、熊耳山、外方山、伏牛山、桐柏山、大别山，西部的老鸦岔脑海拔2414米，为本省最高点。主要平原有黄淮平原和南阳平原。河流众多，大多发源于西部山地，分属黄河、淮河、卫河、汉水四大水系。湖泊少，山麓和盆地有自流井和喷泉分布。

交通概览

铁路：有京广线、陇海线、焦枝线、京九线、新菏线等铁路干线以及郑西高速铁路，还有9条铁路支线和15条地方铁路。

公路：以郑州为中心，公路通往各县和乡镇，形成公路运输网。高速公路通往邻省区和省内各地级市。

水运：周口、漯河为重要河港。

民航：有郑州、洛阳、南阳机场，通往北京、天津、武汉、长沙、南宁、广州、沈阳、昆明、南京、西安等30多个城市。

风景名胜

本省有中华民族摇篮之称，名胜古迹星罗棋布。洛阳、开封、安阳、南阳、商丘、郑州、浚县被列为国家历史文化名城。国家重点风景名胜区有嵩山、鸡公山、洛阳龙门、王屋山—云台山、石人山、林虑山。洛阳龙门石窟被列入世界遗产名录。白马寺、关林、古墓博物馆、相国寺、包公祠、九宫山、原始社会村落—大河村遗址、黄河游览区、宋朝七帝八陵、杜甫故里、汤泉池也是著名景点。

■**嵩山风景区**：位于登封市区西北。嵩山是我国"五岳"的中岳，由太室山和少室山组成，东西绵延约60千米。这里山峦起伏，峻峰奇异，有太阳、少阳、明月、玉柱等72峰。登立嵩顶峻极峰可北望黄河，鸟瞰群峰。著名胜迹有少林寺、中岳庙、嵩岳寺塔、嵩山三阙（太室阙、少室阙、启母

阙）、嵩阳书院、观星台、少林武术馆。嵩阳书院是我国宋代最高学府，与湖南岳麓书院、江西白鹿洞书院、河南睢阳书院，并称为中国古代"四大书院"。少林寺景区以武术和禅宗为特色，地处嵩山西麓的少室山阴，四周群山环峙。景区内有石僧迎宾、少林寺、塔林、武术馆、达摩洞、初祖庵、二祖庵、永泰寺、少室阙等著名景观。

■**龙门石窟**：位于洛阳市区南13千米的伊河西岸，是我国四大石窟艺术宝库之一。2100多个窟龛，10万余尊造像中，最大的造像高达17米多，最小的仅2厘米，尤以奉先寺、古阳洞、宾阳洞的造像精美。题记《龙门二十品》为魏碑书法精华，附近琵琶峰有唐代大诗人白居易墓。

■**鸡公山**：位于信阳市区南45千米处。这里风景秀丽，是华中著名避暑游览和疗养胜地。山下武胜关为古代中原南出湖广的要道，京广铁路经此。

经典线路

行遍中原大地 探访名胜古迹

线路走向： 郑州—嵩山—洛阳—焦作。

推荐理由： 这条线路是河南旅游的首选线路，沿途所经的景点既有嵩山历经沧桑的古刹少林寺，也有古城洛阳雄伟壮观的龙门石窟，同时，豫北遍布山清水秀的自然美景，神农山、青天河和云台山这些大美风景都会与你相遇。

行程安排： D1从郑州市前往嵩山风景区，参观少林寺、嵩阳书院等景点，夜宿嵩山景区。D2前往洛阳游览关林景区和龙门石窟，夜宿洛阳。D3参观白马寺、牡丹园等景点，夜宿洛阳。D4从洛阳前往神龙山景区游览，后到青天河景区参观，夜宿青天河景区。D5前往新乡，游览云台山，夜宿景区。D6继续参观云台山。

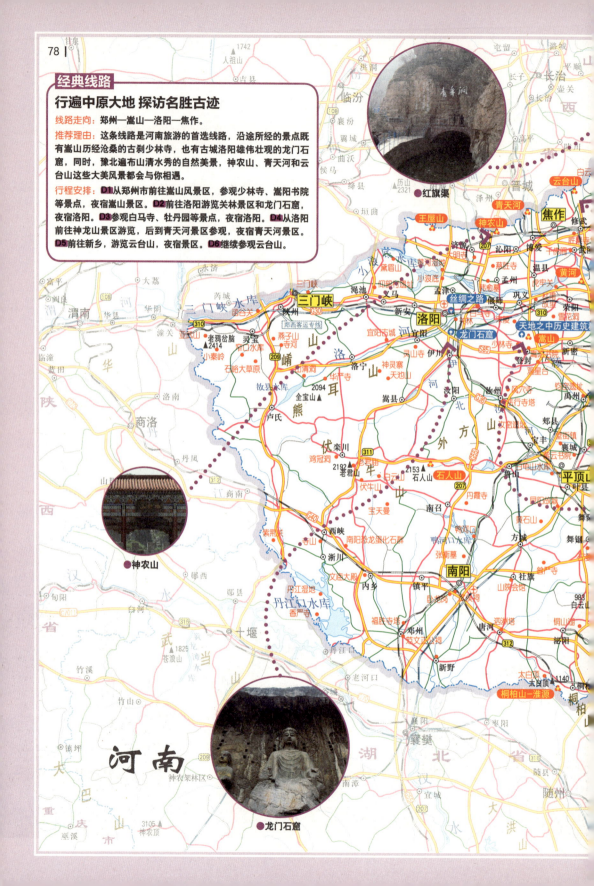

红旗渠

神农山

龙门石窟

河南

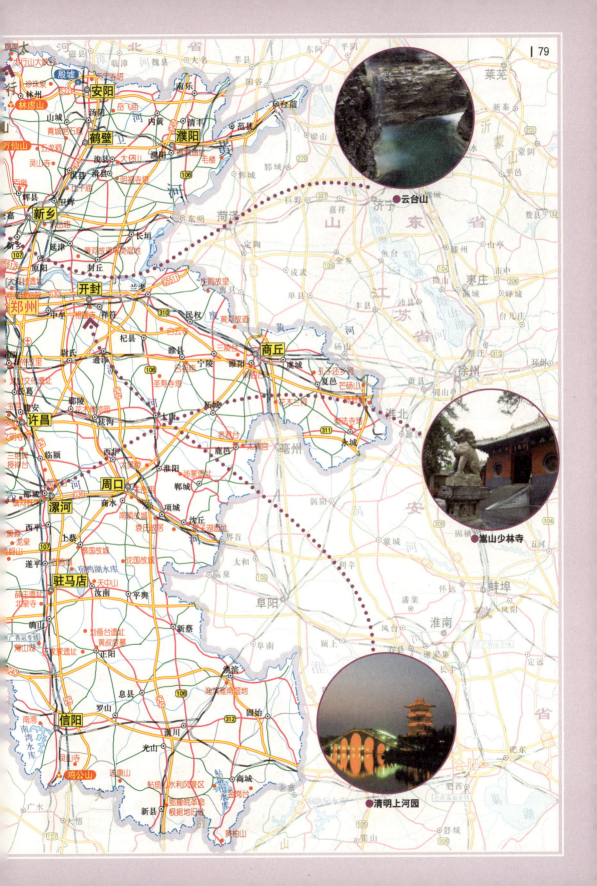

■**云台山**：位于焦作市修武县，以其独有的岩溶地貌和云台瀑布而被列入世界地质公园名单，主要景点包括泉瀑峡、潭瀑峡、红石峡、茱萸峰、子房湖、万善寺、叠彩洞、猕猴谷等。

■**神农山**：位于沁阳市紫陵镇，因炎帝神农在这里播五谷、尝百草而得名，主要景点有紫金顶、云阳河、仙神河、黑龙潭、白松岭、临川寺、悬谷山等，有"道教仙山"和"佛教名山"的美誉。

■**青天河**：位于焦作市博爱县寨豁乡，集江南水乡与北国田园风光于一体，素有"北方三峡"和"奇泉异洞盖中原"的美誉，人称"豫北小桂林"。

■**太行大峡谷**：位于林州市石板岩乡，是北方山水风光的典型代表，又叫作"百里画廊"。谷内台壁交错，雄险壮观，被称为"天然地质博物馆"，主要有桃花谷、王相岩两大景区。桃花谷是峡谷的主景区，可以看

到冰雪桃花开和酷暑洞结冰的倒置奇观，以瀑布、碧潭和奇峰为其特色，可以一览太行山奇幻多姿的一面。

■**开封铁塔**：始建于北宋，素有"天下第一塔"的美称。铁塔高55.88米，铁塔呈等边八角形，共13层，是中国现存年代较久的大型琉璃砖塔。

─**特色产品**─

特产有信阳毛尖茶、灵宝大枣和苹果、淮阳金针菜、鹿邑宋河粮液酒、豫北四大怀药（生地、牛膝、山药、菊花）、孟津梨、荥阳柿子、确山板栗、封丘石榴、民权葡萄、西峡猕猴桃等。中原书画艺术源远流长，济源盘砚为传统产品，汝州的汝瓷是宋代五大名瓷之一，洛阳的唐三彩、南阳的玉雕、开封的汴绣、信阳的羽毛画及博爱竹器深受国内外市场欢迎。

─**风味美食**─

到郑州，烩面、胡辣汤和羊肉汤不能错过。河南烩面味道鲜美，汤好面筋，极受人们欢迎，另外桶子鸡、郑州烤鸭店、葛记焖饼等也很不错；到洛阳一定要吃洛阳水席，水席推荐吃莲汤肉片、牡丹燕菜，还有一个油炸的丸子，汤类的菜肴有豆腐汤、丸子汤和驴肉汤比较出名。除了这些还有不翻汤、胡辣汤、油茶和鲤鱼跃龙门等名吃。开封小笼包皮薄馅鲜，汤多流油，鲤鱼焙面、桶子鸡、套四宝也是本地名菜。

湖北

─人文历史─

    湖北省简称鄂。地处长江中游、洞庭湖以北。东邻安徽省，南与江西省、湖南省交界，西连重庆市，西北接陕西省，北与河南省毗邻。全省面积约19万平方千米。人口6173万，有汉、土家、苗、回、侗、满、蒙古等民族。省辖12个地级市、1个自治州、26个县级市、35个县、2个自治县、1个林区及39个市辖区。省会武汉市。

    本省是古人类活动的主要地区和中华民族的发祥地之一。战国时属楚地，产生了发达的楚文化。汉时属荆州。三国时期是魏、蜀、吴角逐的焦点。宋属荆湖北路、京西南路。元先后属河南江北行省和湖广行省。清置湖北省。

─地理地形─

    地势西高东低，西、北、东三面环山，略成一个向南敞开的不完整盆地。山地、丘陵约占全省面积的70%，平原不到30%，水面较广。主要山脉有武当山、荆山、大巴山、巫山、武陵山、桐柏山、大别山、大洪山、幕阜山，大巴山的神农顶海拔3105米，为本省最高峰，也是华中一带最高峰。主要平原为江汉平原。主要河流为长江及其支流汉江（汉水）。多湖泊，主要有长湖、洪湖、张渡湖、梁子湖及武昌东湖，其中洪湖、梁子湖及长湖，水面面积都在200平方千米以上。

─交通概览─

    地处中国腹地水陆交通枢纽，武汉素有"九省通衢"之称。

    铁路：有京广线、汉丹线、武大线、襄渝线、枝柳线、焦枝线、铁山—灵乡线、京九线、武麻线等。

    公路：形成以武汉、襄樊、荆州、宜昌、恩施为枢纽的公路网，各县及大部分乡镇通汽车。高速公路北通河南、南至广东，并通往省内各地级城市。

水运：内河航运以武汉为中心，以长江、汉江为两大水运干线。全省一半以上县市处在航线上，有万吨以上的港口170个。

民航：以武汉为中心，通往北京、上海、广州、天津、济南、哈尔滨、香港等50多个城市，省内可通往荆州（沙市）、宜昌、恩施、襄樊。国际航线可通日本福冈。

- 风景名胜 -

境内山水名胜与文物古迹兼备。河网密集、湖泊众多，又与山地峡谷相结合，故多山水风光，尤以雄伟的长江三峡驰名。国家重点风景名胜区有武汉东湖、武当山、大洪山、隆中、九宫山、陆水。武当山古建筑群和明清皇家陵寝(明显陵)列入世界遗产名录。此外，还有黄鹤楼、神农架、猿人洞、炎帝庙、屈原故里等景点。

武汉东湖：位于武昌东郊，面积87平方千米。湖面港汊交错，南岸山峦叠翠，东岸林深境幽，西岸亭台相连，而以屈原纪念建筑为主。

黄鹤楼：位于武汉市长江南岸武昌蛇山峰岭之上，与鹳雀楼、岳阳楼、滕王阁并称为"中国古代四大名楼"，因唐代诗人崔颢"昔人已乘黄鹤去，此地空余黄鹤楼"一诗而声名大噪。登楼远眺，长江滚滚，货船往来，武汉三镇风光尽收眼底，雄伟壮观。

三峡大坝：位于宜昌市，是世界上最大的水利枢纽工程，站在坛子岭你可以远眺大坝雄姿，泄洪之时更是波澜壮阔、雷霆万钧。而在185米水位线观景区，大坝上游的高峡平湖与下游滔滔江水形成鲜明反差，极为震撼。

神农架：位于湖北省西部边陲，相传上古神农氏在此采药因而得名，神农架完好保存洪荒时代风光，以"野人"的发现最为著名。不仅风景绝妙，还保留有古老的传说和古朴的民风民俗，有着令人神往的诱惑力。

武当山：又名太和山。位于湖北省十堰市，是中国著名的道教圣地和武术之乡。不仅拥有绚丽的自然景色，而且拥有丰富多彩的人文景观，被誉为"亘古无双胜境，天下第一仙山"。山间风景优美，方圆400千米有72峰、24涧、11洞、3潭、9泉、10池、

9井、10石、9台胜境，主峰天柱峰海拔1612米。自周代便有著名道家在此修炼，唐代起修建道观，明代更是"五里一庵十里宫，丹墙翠瓦望玲珑"。现存多处元、明遗迹。

明显陵： 位于钟祥市，占地40公顷，是明世宗朱厚熜生父朱佑杬及生母蒋氏的合葬墓。陵前建有1300米的神道，两侧列有文臣、武将石像及众多的狮、象、麒麟等石雕，雕刻精美、气势恢宏，为全国最大的单体明代帝王陵墓。

大洪山： 又称姜山。位于本省中部偏北，西北东南走向，是汉水与姜水分水岭，平均高度为500米，主峰1055米，为褶皱断块山，峰峦连绵，溶洞广布，山岩奇秀，林木繁茂，是风景游览胜地。

隆中： 位于襄阳以西13千米，诸葛亮曾在这里隐居长达十年之久，脍炙人口的《隆中对》和刘备"三顾茅庐"的史事都发生在这里。古迹众多，文化积淀丰富。

九宫山： 位于幕阜山脉中段，湖北省通山县境内，总面积210平方千米，有江南山峰之奇秀，塞北峰岳之雄伟，兼有五岳之雄、险、奇、幽、秀，气候宜人，为湖北的旅游名山，主峰海拔1657米，盛夏季节日平均气温21℃左右。

—特色产品—

鄂州武昌鱼、三峡桃叶橙、孝感麻糖、荆州九黄饼、无铅皮蛋为千年名产，武汉皮鞋、武汉铜音器（汉锣）、大桥牌童车饮誉海内外、鄂西南水杉为世界少有的名贵树种，西南的红茶、东南的老青茶、来凤的桐油、利川的毛坝漆、房县的银耳、咸宁柏墩的桂花等驰名全国。还有武汉绿松石雕与洪湖、沙湖、荆州淡水贝雕等著名工艺品。

—风味美食—

武汉名菜首推清蒸武昌鱼，其他还有老大兴鲤鱼、黄焖甲鱼、橘瓣鱼圆等都值得一试。一说到武汉总能想起热干面，爽滑筋道，酱汁香浓味美，让人食欲大增。武汉鸭脖更是让人口水横流，精武鸭脖以麻辣风格为主，香味扑鼻，口感刺激，周黑鸭则入口微甜爽辣，吃后回味悠长。宜昌名吃很多，老九碗极具宜昌的本地特色，席上的菜由杂烩头子、炸相蝶子、炸春卷子、鱼糕丸子、鱿鱼笋子、白肉肚子、香菌鸡子、珍珠丸子等九道组成，极具乡土气息。另外萝卜饺子是最有特色的小吃，独具风味，值得一尝。

神农架

神农溪

三峡大坝

湖 北

经典线路

游历史遗迹凭吊古人 赏自然风光山水交融

线路走向：武汉—武当山—神农架—宜昌。

推荐理由：游览"道教圣地"之称的武当山和绿色宝地神农架是这条线路的精华。从悠久绚烂的道教文化到保存完好的原始生态系统，自然风光和人文景观交相错合，不一样的美景给你不一样的视觉体验。

行程安排： D1 从武汉前往武当山景区，夜宿景区附近。 D2 继续游览武当山。 D3 前往神农架，游览燕天垭风景区，夜宿景区附近。 D4 游览神农顶景区，夜宿景区附近。 D5 游览香溪源旅游区。 D6 前往宜昌游览三峡景区。

●武当山

●黄鹤楼

●东湖

湖南

地图标注：
武陵源、武陵源(张家界)、乌龙山、猛洞河、里耶、德夯、凤凰、梅山龙宫、紫鹊界梯田、虎形山-花瑶、南山、万佛山-侗寨、老司城、桃花源、沩山、韶山、白水洞、黄山、岳阳楼、洞庭湖、岳麓山、长沙、衡山、炎帝陵、东江湖、苏仙岭、万华岩、九嶷山-舜帝陵

张家界、天门山、吉首、怀化、邵阳、衡阳、永州、常德、益阳、娄底、湘潭、株洲、岳阳、郴州

2099壶瓶山、1595幕阜山、1600连云山、1300.2祝融峰、1530阳明山、2009歪某岭、2041、1726、1802、石坑崆、1934苏宝顶

人文历史

　　湖南省简称湘。地处长江中游南岸。东邻江西，西靠渝黔，南连粤桂，北接湖北。全省面积21万余平方千米。人口7327万，有汉、苗、土家、侗、瑶、回、维吾尔、壮、白等民族。省辖13个地级市、1个自治州、19个县级市，60个县，7个自治县及36个市辖区。省会长沙市。

　　战国时为楚国地。汉代属荆州。唐置湖南观察使。宋为荆湖南、北2路。元属湖广行省。明属湖广布政使司。清置湖南省。

地理地形

　　地势南高北低，东、南、西三面环山，中部丘陵、盆地起伏，北部湖泊、平原交错。主要山脉有雪峰山、武陵山、南岭和罗霄山，海拔一般在500~1500米。壶瓶山为本省最高点，海拔2099米。丘陵与山地合占全省总面积的80%以上。主要平原为洞庭湖平原。主要河流有洞庭湖水系的湘江、沅江、资水、澧水，以湘江为第一大江，全长817千米。洞庭湖是我国第二大淡水湖，昔日号称"八百里洞庭"，现已分割成东、西、南洞庭湖和大通湖四个较大的湖泊。

交通概览

　　铁路：有京广线、湘桂线、浙赣线、湘黔线、枝柳线等干线和资许、娄邵、醴茶、韶向等支线。武广高铁纵贯本省东北。

　　公路：县县通汽车，大部分乡村通公路，高速公路与湖北、江西、广东等省相通，并通往省内各地级市。

　　水运：湘、资、沅、澧四水纵贯全省，形成外接长江、内通山区的水运网。

　　民航：以长沙为中心，通往北京、武汉、南昌、贵阳、广州、上海、成都、南宁、沈阳等40多个城市；张家界、常德机场有定期班机。

－风景名胜－

本省湖光山色秀丽、文物古迹颇丰。国家重点风景名胜区有衡山、武陵源、岳阳楼洞庭湖、韶山、岳麓山、崀山、猛洞河、桃花源，其中武陵源列入世界遗产名录。此外，有炎帝陵、纪念蔡伦的蔡侯祠、纪念柳宗元的柳子庙，尤以马王堆汉墓为轰动世界的考古发现。作为中国新民主主义革命的发源地之一，有毛泽东、刘少奇等领袖故居，秋收起义与平江起义旧址等纪念地。

■韶山：韶山风景区景点众多，包括上屋场、毛泽东纪念馆、滴水洞、松山一号楼、诗词碑林、毛氏三祠、韶峰、虎歇坪、青年塑像、烈士陵园、映曦台、清溪等。

■衡山：我国古称"五岳"中的"南岳"，在本省中部的衡阳市。山势雄伟，盘行百里，大小山峰72座，以祝融、天柱、芙蓉、紫盖、石廪5峰著名。主峰祝融峰海拔1290米，可俯瞰群山，观赏日出。文物古迹、历代碑石甚多，有"五岳独秀"之称，以东南亚佛教圣地和旅游、避暑胜地著称于世。

■张家界国家森林公园：位于张家界市武陵源区，是中国第一个国家级森林公园，它集神奇、钟秀、雄浑、原始、清新于一体，以岩称奇。或陡峭嵯峨，或孤峰独秀，造型完美，形神兼备。

■天子山景区：位于张家界市武陵源区，以云海、石涛、冬雪、霞日最为壮观，景区内遍布原始次森林，奇树异木比比皆是，主要景点有御笔峰、神堂湾、神兵聚会、仙人桥、空中田园等。

■索溪峪：在土家语中意为"雾大的山庄"。位于张家界市武陵源区，峰秀、谷幽、水碧、洞奇为其主要特征。主要景点有西海、十里画廊、水绕四门、百丈峡、叶家岗、宝峰湖、黄龙洞。

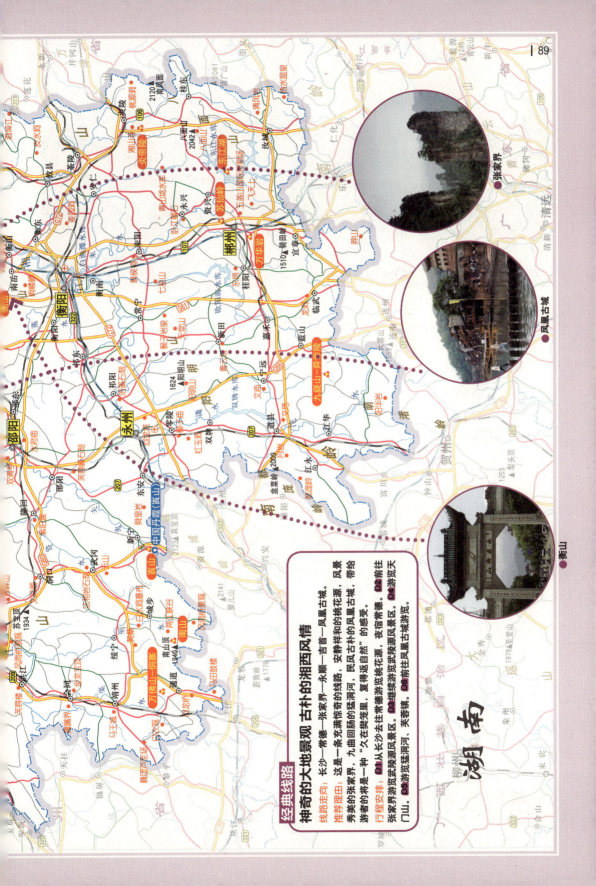

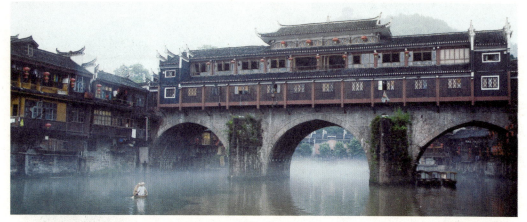

■**凤凰古城**：位于湘西州凤凰县沱江镇。被称作中国最美的两座小城之一，沈从文的《边城》让其走出深闺名扬天下，沱江水对着吊脚楼，苗家人唱着马郎歌，热烈奔放，遥远神秘，让无数的人为之神往。

■**岳阳楼**：位于岳阳西城门上，中国江南三大名楼之一。宋代范仲淹撰《岳阳楼记》，使之名声益著。相传始为三国鲁肃训练水师的阅军楼。公元716年扩建为楼阁，重檐盔顶，三层通高19.72米，全木结构，两侧分别有仙梅亭、三醉亭，城下即浩浩洞庭湖。故有"洞庭天下水，岳阳天下楼"盛誉。

■**洞庭湖**：我国第二大淡水湖。水面面积411万亩，南、西纳湘、沅、资、澧四水，北纳长江松滋、太平、藕池3口汛期泄入的洪水，在岳阳城陵矶汇入长江。湖中坐落的君山，又名湖山或洞庭山，与岳阳楼隔水相望，古诗以"白银盘中一青螺"赞之，山上72峰苍翠，处处古迹。

■**紫鹊界梯田**：位于娄底市新化县水车镇，形态原始，线条流畅，板屋交错，充满了自然古朴的气息。而常常山雾缭绕，道路盘旋，更显得婀娜多姿，如临人间仙境。

■**波月洞**：位于娄底市冷水江市大乘山，是一个世界熔岩博物馆，里面熔岩密布，石柱高耸，组成了各种美妙的景观。同时波月洞是世界上鹅管最多的地方。

■**梅山龙宫**：位于娄底市新化县油溪乡，人称两山夹一谷，两水抱一湾，山水连一洞，地下沉积景观、地下河、旱洞是其最大特色，而洞府云天、哪吒出世、天宫雾凇和水中金山并称为龙宫四绝。

－特色产品－

莲子产量居全国首位，主产于湘潭、衡阳等地；茶叶、柑橘产量居全国第二位；君山银针和毛尖自五代时已为贡茶，还有古丈毛尖、沅陵碣滩茶；柑橘以邵阳、怀化、永州、长沙、沅江产量最多，浏阳和蓝山的金橘更为有名；长沙白沙液为湖南第一酒；邵阳、新田、新邵的辣椒远销海内外；湘绣为中国四大名绣之一，醴陵瓷器，其釉下彩瓷被称为"东方陶瓷艺术的精华"，浏阳的烟花爆竹驰名。

－风味美食－

长沙臭豆腐要数百年老店火官殿最有名，另外剁椒鱼头、口味虾、毛氏红烧肉、龙脂猪血也是鼎鼎大名的长沙美食。在岳阳，许多餐馆用火锅或干锅做回头鱼，鱼杂也一并放入锅中，鱼肉鲜嫩。土家人除了爱吃辣以外，还特别钟爱腊、酸、腌制菜食。腊味菜系列有腊猪肉、腊羊肉，酸辣菜系列有酸野薤、酸青菜等，家常系列有合渣、南瓜汤等。

广东

— 人文历史 —

　　广东省简称粤。地处南海之滨。东与福建省接界，北连江西、湖南2省，西与广西壮族自治区为邻，南与海南隔海相望。全省总面积约18万平方千米。人口9502万，有汉、黎、瑶、苗、壮、回、满、畲等民族。省辖21个地级市、20个县级市、34个县、3个自治县及65个市辖区。省会广州市。

　　早在二三十万年前，就有"马坝人"在韶关曲江一带活动生息。春秋战国时为百越（粤）地。秦属南海郡。唐属岭南道。宋为广南东路。元分属江西行省、湖广行省。明置广东布政使司。清为广东省。

— 地理地形 —

　　地势北高南低，山地、平原、丘陵、台地交错，海岸线长，岛屿众多。山地约占全省总面积的1/3。山脉多为东北—西南走向。主要有南岭、青云山、九连山、罗浮山、莲花山、海岸山、云开大山、云雾山，石坑崆为本省最高峰，海拔1902米。山地之间分布有大小不等的盆地，主要有兴宁盆地、梅州盆地、阳春盆地、罗定盆地、怀集盆地。台地主要分布在雷州半岛、海陆丰和惠东西部一带。主要平原有珠江三角洲、潮汕平原。主要河流有珠江、韩江、漠阳江、鉴江。珠江是西、北、东三江汇合后的总称，是本省最大水系，全长2214多千米。主要岛屿有川山群岛、高栏列岛、万山群岛、横琴岛、南三岛、东海岛、硇洲岛等。

— 交通概览 —

　　铁路：有京广线、京九线、广深线、黎湛线、广茂（名）线、广梅（州）汕（头）线、河茂线、粤海线、武广高铁等。

公路：是我国公路交通最发达的省区之一，乡、镇全部通公路。高速公路与湖南、广西、福建、香港等省区相通，并通往省内各地级市。

水运：内陆江河纵横交错。海运发达，有黄埔、广州、湛江、汕头等港，有远洋航线通往世界各地。

民航：有广州、湛江、汕头、梅州、珠海、深圳等机场，可通往国内70多个城市和国外10多个城市。

-风景名胜-

本省海岸线绵长，多温泉，地貌复杂。国家重点风景名胜区有肇庆星湖、丹霞山、西樵山、白云山、惠州西湖、罗浮山、湖光岩。此外，肇庆鼎湖山、越秀山、顺德清晖园、番禺余荫山房、东莞可园、佛山梁园、广州中山纪念堂、佛山祖庙、深圳的"锦绣中华"、民族文化村以及近代名人故居、重要遗址、陵园等，都是知名景点。

■**白云山**：是新"羊城八景"之首，南粤名山之一，自古就有"羊城第一秀"之称。主峰摩星岭高382米，峰峦重叠，溪涧纵横，登高可俯览全市，遥望珠江。雨后天晴，山间白云缭绕，蔚为奇观，白云山之名由此得来。

■**肇庆星湖**：在肇庆北郊，面积约6平方千米。湖面被长堤分为波海湖、中心湖、东湖、湖光湖、青莲湖和里湖等六部分，各具特色。湖滨有7座石灰岩峰，称七星岩。其风景以湖、岩、石、洞取胜，有"桂林之山，杭州之水"的美誉。

■**丹霞山**：位于韶关市仁化县，有中国红石公园之称，是广东四大名山之首，是发育最典型、类型最齐全、造型最丰富、景色最优美的丹霞地貌。

■**西樵山**：位于佛山市官山镇南部，为粤名山二樵之一，以清幽秀丽为特色。境内有72峰、36洞、28瀑和207泉胜景，还有鉴湖、逍遥台、试剑石、飞流千尺、白云洞等，白云洞更"胜甲西樵"。

■**开平碉楼**：位于江门市下辖的开平市境内，是中国乡土建筑的一个特殊类型，是

集防卫、居住和中西建筑艺术于一体的多层塔楼式建筑,其特色是中西合璧的民居,有古希腊、古罗马及伊斯兰等风格多种。立园集传统园艺、西洋建筑、江南水乡特色于一体,分为别墅区、大花园和小花园三部分,有泮文、泮立等别墅六座,碉楼一座,被誉为园林别墅,中国华侨园林一绝。

■**赤坎古镇**:位于开平,古镇保留着大量中西合璧的华侨建筑,像红楼、基督教堂、天主教堂、爱善堂、公福纪念亭、关族图书馆和司徒氏图书馆等,墟镇堤西路的骑楼群更是侨乡一绝。

■**世界之窗**:深圳市华侨城的世界之窗为各国著名建筑的微缩景观,分为世界广场、亚洲区、大洋洲区、欧洲区、非洲区、美洲区等九大景区,包括埃及金字塔、埃菲尔铁塔、科罗拉多大峡谷、悉尼歌剧院等著名景观。

■**淇澳岛**:位于珠海市香洲区,有着30多公顷的红树林,是珠海市森林覆盖率最高的地方,有绿之岛的美誉,更是观鸟的好地方。岛上还遗留沙丘古遗址、白石街、苏兆征故居、土炮台等景,以及淇澳祖庙、天后宫、文昌宫等各派庙宇。

-特色产品-

酸枝(黑檀)家具、藤椅、竹躺椅俗称广货;富有我国南方独特风格的潮汕抽纱、广州牙雕、石湾陶瓷、枫溪瓷雕、新会葵艺、高州角雕、东莞烟花、肇庆草席、端砚等畅销各地;柑橘、菠萝、香蕉、荔枝、龙眼被称为"岭南佳果";粤绣为中国四大名绣之一,尤以金银线绣最负盛名。

-风味美食-

人说"食在广州",粤菜以海鲜著称,烹调方法以炒、煎、焖、炸、煲、炖、扣为主,广州的名菜有白云猪手、明炉乳猪、广式烧腊、白切鸡、蛇羹、蜜汁叉烧等;小吃主要有河粉、云吞面、虾饺、皮蛋瘦肉粥、肠粉、艇仔粥、双皮奶、萝卜糕等。潮州菜名扬海内外,以海鲜和素菜为其特色。护国菜、清炖白鳝、墨鱼丸、鸳鸯膏蟹、明炉烧大海螺、油泡鱿鱼为本地名菜,小吃有腐乳饼、猪脚圈、炒糕等。

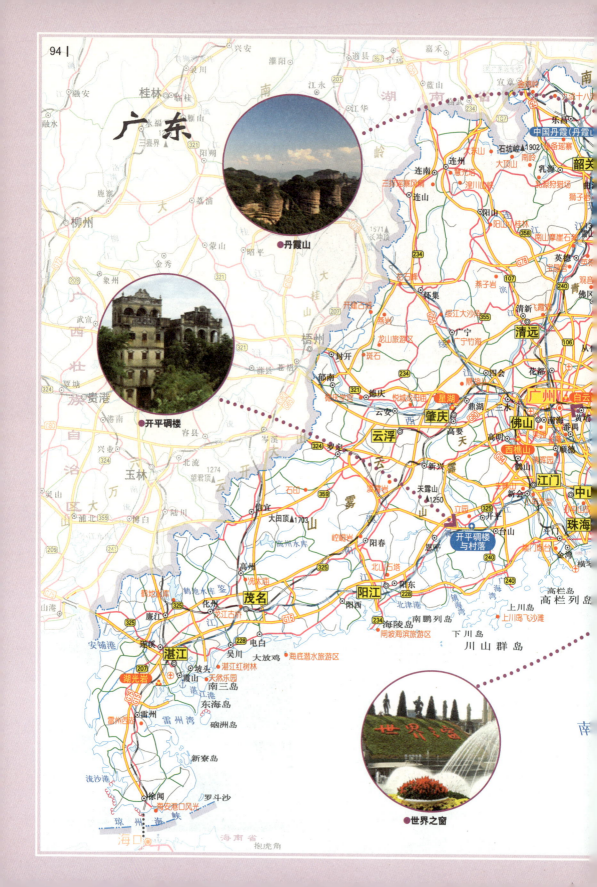

广东

丹霞山

开平碉楼

世界之窗

●白云山

●南澳岛

北卫滩

南卫滩 东 沙 群 岛

东沙岛 东沙礁

经典线路

粤北丹霞美景 瑶寨风情之旅

线路走向： 广州—韶关—丹霞山—连州地下河—三排瑶寨—乳源大峡谷。

推荐理由： 这条线路是从广州往北的长线，风景与粤南大不相同。这里更多是以美丽的高山和峡谷来吸引你的眼球，溶洞密布的英德峰林、美丽而独特的丹霞地貌、气势磅礴的乳源大峡谷都是大自然的杰出作品，此外，粤北的瑶寨风情也是这条线路上一道亮丽的风景线。

行程安排： **D1** 从广州前往韶关市参观南华寺，夜宿韶关市。**D2** 前往丹霞山景区参观，参观完后去往乐昌市，夜宿乐昌市。**D3** 前往坪石镇游览金鸡岭和九泷十八滩景区，夜宿坪石镇。**D4** 前往连州地下河景区游览，然后去三排瑶寨参观，夜宿瑶寨。**D5** 前往乳源大峡谷景区参观，然后返程。

广西

地图标注：
- ▲2123 黄宝顶
- 2141 猫儿山
- 元宝山 2081
- 喀斯特（桂林）
- 桂林漓江
- 桂林
- ▲1938 摩天岭
- 喀斯特（环江）
- 贺州
- 河池
- 柳州
- 黔江
- ▲1819 金钟山
- ▲2062 岑王老山
- 百色
- 来宾
- 西山
- ▲1616 黄莲山
- ▲1760 大明山
- 贵港
- 梧州
- 南宁
- 1071 西大明山
- 望君顶 1274
- 玉林
- 1115 葵扇顶
- 花山岩画
- 崇左
- 钦州
- 防城港
- 北海
- 北部湾

人文历史

　　广西壮族自治区简称桂。地处我国南疆。南邻北部湾与海南隔海相望，西南与越南交界，东连广东，东北接湖南，西北邻贵州，西与云南接壤。全区面积约24万平方千米。人口5659万，有壮、汉、瑶、苗、侗、仫佬、毛南、回、京、彝、水等民族。自治区辖14个地级市、10个县级市、48个县、12个自治县及41个市辖区。首府南宁市。

　　这里有4～5万年前旧石器时代的"柳江人"、"麒麟人"化石，桂林甑皮岩遗址有新石器时代早期原始人类的文化遗址。秦始皇统一岭南设桂林郡。宋设为广南西路。元置广西行省。明为广西布政使司。清设广西省。1958年成立广西僮族自治区，1965年改称广西壮族自治区。

地理地形

　　以山地为主，大致西北高，东南低，构成

"八山一水一分田"的地貌形态。主要山脉有东北部的海洋山、越城岭；南部的云开大山、六万大山、十万大山；西部的金钟山；北部的九万大山、天平山；中部的驾桥岭、大瑶山、都阳山、大明山。越城岭猫儿山海拔2141米，为境内最高峰。平原主要分布在河谷和岩溶盆地中。河流有红水河、融江、柳江、黔江、邕江、郁江、浔江、桂江及贯通漓江与湘江的著名灵渠。有北海、防城、梧州、贵港、南宁等海港和内河港口。涠洲岛、斜阳岛为沿海主要岛屿。

交通概览

　　铁路：湘桂、黔桂、黎湛、枝柳等线连接全国铁路网，直通北京、上海、广州、湛江、贵阳、昆明、重庆。

　　公路：形成以南宁为中心的干支结合、内外相连、城乡沟通的公路网。主要有兰海、广昆、昆汕、包茂等高速公路，南宁至友谊关高速公路与越南相通。

水运：已建成梧州、贵港、南宁等主要内河港口和北海、防城等海港。防城港是华南四大海港之一。

民航：有桂林、南宁、北海、柳州、梧州等机场，可通往国内30多个城市，已形成联结北京、上海、广州、香港、澳门以及西北、西南、中南各大城市的航空网络，并开设了国际航线，通达越南、日本。

风景名胜

境内岩溶地貌发育完备，山水独特、风光绮丽，尤以桂林为最，素有"桂林山水甲天下"之称，为中国旅游重点地区之一。国家重点风景名胜区有桂林漓江、桂平西山、花山。龙胜花坪、象鼻山、芦笛岩、叠彩山、独秀峰、伏波山、月牙山、海滨区、北部湾、灵渠、柳侯祠为知名景点，还有三江程阳桥、马胖鼓楼等独具特色的侗族建筑物。

桂林漓江： 位于桂江之上游，全长437千米，江水清澈如带，岸山峭拔如画。尤其桂林至阳朔的83千米江段，两岸奇峰峻岭，水流碧波回环，好似长长的画廊，"清、奇、巧、变"——清指水，奇说山，巧指景致逼真，变指风景随时、地、季节而不同。沿江著名景观有象鼻山，净瓶山、奇峰镇、大圩、冠岩、九马画山等。

靖江王城： 位于桂林市中心，是明代靖江王朱守谦的府第，浓缩了桂林最近几百年来的历史和文化。自然山水与历史人文交相辉映，自古以来就有"城中城"的美誉。王城内的独秀峰，有"南天一柱"之誉，史称桂林第一峰。

遇龙河： 是漓江在阳朔境内最长的一条支流，人称"小漓江"。以阳朔遇龙桥到青厄渡这一段风景最佳。主要景点有富里桥、犀牛塘、五指山、归义古城遗址、汉墓群等。

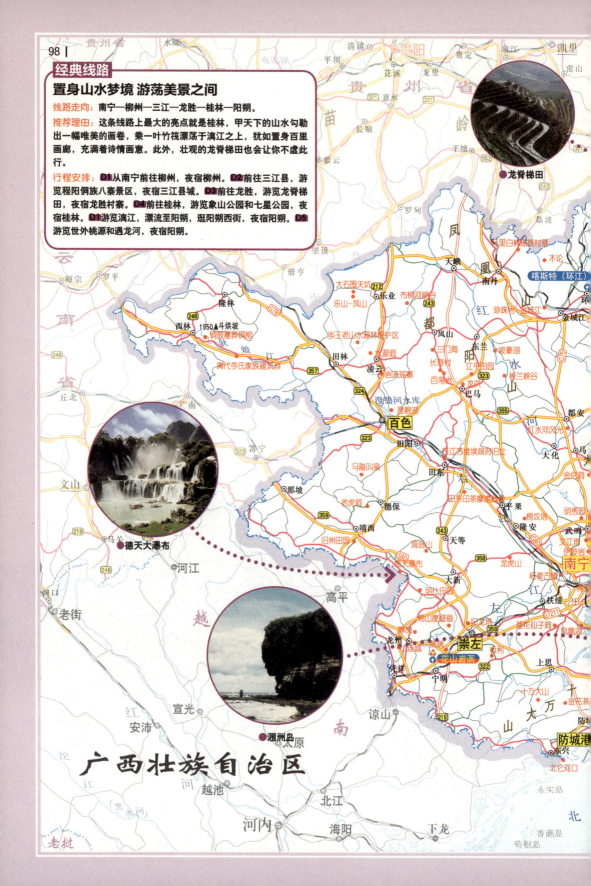

经典线路

置身山水梦境 游荡美景之间

线路走向: 南宁—柳州—三江—龙胜—桂林—阳朔。

推荐理由: 这条线路上最大的亮点就是桂林,甲天下的山水勾勒出一幅唯美的画卷,乘一叶竹筏漂荡于漓江之上,犹如置身百里画廊,充满着诗情画意。此外,壮观的龙脊梯田也会让你不虚此行。

行程安排: **D1** 从南宁前往柳州,夜宿柳州。**D2** 前往三江县,游览程阳侗族八寨景区,夜宿三江县城。**D3** 前往龙胜,游览龙脊梯田,夜宿龙胜村寨。**D4** 前往桂林,游览象山公园和七星公园,夜宿桂林。**D1** 游览漓江,漂流至阳朔,逛阳朔西街,夜宿阳朔。**D5** 游览世外桃源和遇龙河,夜宿阳朔。

龙脊梯田

德天大瀑布

涠洲岛

广西壮族自治区

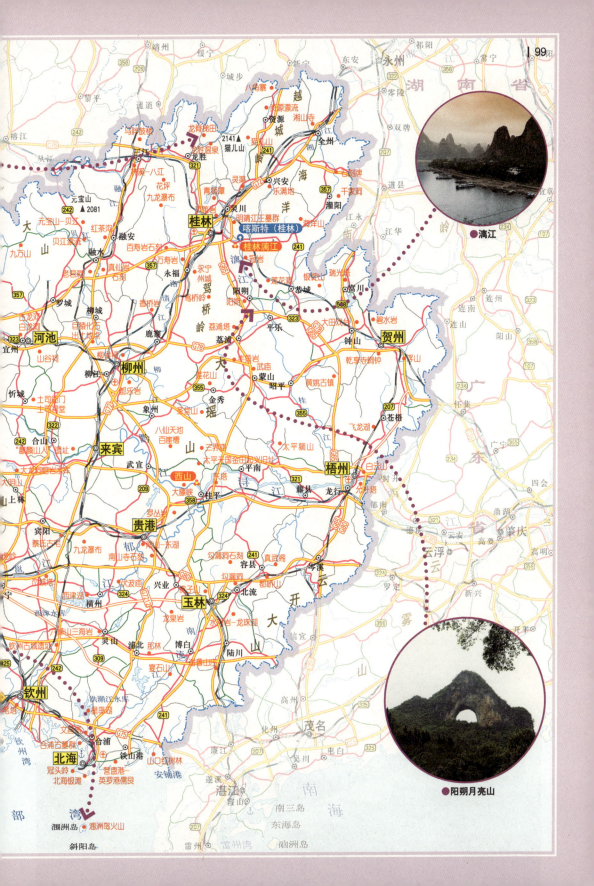

●漓江

●阳朔月亮山

■**龙脊梯田**：位于桂林市龙胜县，规模宏大，最高海拔1180米，最低380米，共分为金坑红瑶、平安壮族、龙脊古壮寨三个部分。线条行云流水，规模磅礴壮观，有"梯田世界之冠"的美誉，比起精致的巴厘岛德格拉朗梯田要壮丽许多。

■**桂平西山**：位于桂平市区西1500米处。古称思灵（陵）山，海拔600余米，以林秀、石奇、泉甘、茶香为特点。有李公祠、洗石庵、龙华寺、乳泉亭、飞阁等古建筑。

■**北海银滩**：位于北海市银海区，银滩以沙滩平长、沙质细白、波浪柔软、无鲨鱼出没等"五绝"著称，被誉为风光优美的"中国第一滩"。园内有大型雕塑海恋、椰树林和鸟类表演、民族风情表演，晚上可以看水幕电影。

■**涠洲岛**：位于北海市南，是一个由火山喷发形成的海岛，是我国最大的死火山岛。这里山岩耸立，奇石遍布，保留有许多近代的西式建筑，是一处绝佳的度假胜地。

■**德天大瀑布**：位于崇左市大新县桃城镇，横跨中国、越南两个国家，是亚洲第一大跨国瀑布。瀑布气势磅礴，一波三折，层层跌落，水势激荡。瀑布河水时急时缓，时分时合，迂回曲折于参天古木间；更有花草掩映，百鸟低回。

■**大石围天坑**：位于百色市乐业县同乐镇，是世界上最大的天坑群，在方圆不到20平方千米的崇山峻岭里，分布着24个天坑。它形成于大约6500万年以前，是一块鲜为人知的秘境，集险、奇、峻、雄、秀、美于一体，是世界上罕见的旅游奇观。

━特色产品━

八角、茴油、桂皮、罗汉果产量居全国第一位；甘蔗、松香、香蕉、菠萝、烤胶、紫胶产量居全国第二位；荔枝和龙眼（桂圆）产量居全国第三位。咖啡、胡椒、剑麻、田七、容县沙田柚、柳州的柳杉和银杉、南宁菠萝蜜为名产。名贵海产品有石斑鱼、红鱼、大虾、鱿鱼等，驰名的合浦珍珠—"南珠"为世界珍珠市场上的精品。

━风味美食━

粤菜和川菜对广西饮食影响比较大，几乎餐餐离不开酸辣。南宁以老友粉和粉饺及各种酸品、粥品、烤制品最为出名；桂林米粉、尼姑素面、狗肉、粉利、糍粑、马蹄糕、豆蓉糯米饭等是桂林的特色美食；北海的濑尿虾、北海对虾、白灼沙虫是人间美味。柳州螺蛳粉具有辣、鲜、酸等独特风味，2020年被列入国家级非物质文化遗产。

海南

琼州海峡
北部湾
洋浦港
儋州
海口
南渡江
▲520 深坡岭
海 南 岛
南海
松涛水库
昌化江
黎 母 岭
万泉河
▲1811 鹦哥岭
博鳌港
▲1867 五指山
▲1412 尖峰岭
▲1317 马咀岭
三亚
三亚热带海滨
亚龙湾

海口
海南岛
◎三沙
南海
海南省全图

　　海南省简称琼。地处南海。北隔琼州海峡与广东省相对，西濒北部湾与越南遥望，南达曾母暗沙，东南临辽阔的太平洋。全省陆地总面积约3.4万平方千米。人口925万，有汉、黎、苗、回等民族。省辖4个地级市、5个县级市、4个县、6个自治县、10个市辖区。省会海口市。

　　本省包括海南岛、西沙群岛、中沙群岛、南沙群岛等岛屿及其海域。汉设珠崖、儋耳2郡。隋置珠崖、儋耳、临振3郡。唐设崖州、儋州、振州、琼州、万安州。明设琼州府，领儋、万、崖3州。清为琼州府和崖州，属广东省。1950年设海南行政区，1988年建省。

地理地形

　　本省主体海南岛是我国第二大岛，四周低平，中南部隆起，由山地、丘陵、台地、平原组成。海岸线曲折，长1528千米，多港湾。500米以上的山地占全岛面积的25.4%，分布在岛中部偏南地区；100～500米的丘陵占13.3%，位于山地外围；台地、阶地、平原占61.3%。主要山脉有五指山、黎母岭等，海拔1867米的五指山为本省最高峰。主要河流有南渡江、昌化江、万泉河，南渡江最大，干流长331千米。

交通概览

　　海南岛外运输以水运和空运为主，岛内运输以公路和铁路为主。

　　铁路：海南东环高速铁路北起海口市，途经文昌、琼海、万宁、陵水，南至三亚市，西环铁路经洋浦、昌江、东方、乐东、崖城，至海南东环线三亚站。

　　公路：形成三纵四横的交通网，密度高于全国平均水平，有海口环绕高速公路和海文高速公路。

水运：海运是对外运输主要方式，有海口、三亚、八所、洋浦港等海港。

民航：有海口美兰、三亚凤凰两个机场，通往北京、上海、广州、昆明、成都、西安、沈阳等40多个城市，并有通往香港的航班。

风景名胜

海南岛风景秀丽，四季宜人，是我国最迷人的热带风光旅游胜地。三亚热带海滨为国家重点风景名胜区。景点还有五公祠、海瑞陵园、儋州东坡书院等，共240余处。

三亚热带海滨： 在三亚市南部，濒临南海，面积212平方千米。由海棠湾、亚龙湾、榆林港、落笔洞、鹿回头、大东海浴场、天涯海角等景点组成。

亚龙湾： 位于三亚市田独镇，被誉为"东方夏威夷"、"天下第一湾"，这里水碧天蓝，沙滩平缓，又有青山环绕，椰影婆娑，风景如诗如画，另外景区内的活动如高尔夫球、烧烤、潜水也很精彩。

天涯海角： 位于三亚市区西26千米处。背倚岭山，面对碧海，河滩上直立无数嵯峨巨石，最为人称道的是刻有"天涯"、"海角"、"南天一柱"字样的古迹。其中"天涯"二字为清雍正十一年（1733年）崖州守备程哲题写。

南山： 地处三亚市崖城镇，历来被称为吉祥福泽之地，与佛教有着不解之缘。相传观音菩萨为普度众生，发了十二大愿，第二愿即是"常居南海愿"。而南山海上观音屹立海上，是南山的标志。

蜈支洲岛： 位于三亚市林旺镇，被誉为"中国的马尔代夫"，全岛呈不规则蝴蝶状，是个袖珍小岛。岛上山峦叠翠、郁郁葱葱，临海处山石嶙峋，海水清澈透明，能见度高，是著名的潜水胜地。

鹿回头： 位于三亚市区南5千米处。山高275米，三面环海，椰林满山，雾笼烟绕，黎寨整洁，更有美丽的传说：一黎族青年猎手，追猎一只梅花鹿，鹿跑至此处，回眸化为美丽少女，遂与猎人结为夫妻。

落笔洞： 位于三亚市区东北约10千米处，海拔1100米的石灰岩孤峰。东山腰有岩溶洞穴，岩壁原有石钟乳若倒悬之笔，有水顺笔尖下滴，相传若能接水在手，即会文思敏捷。有人接水不着，怒而砸笔，今只留笔痕。另有仙姑洞房、仙女洞房等，均多奇丽

的岩溶造型。洞中还发现旧石器时代文化堆积层。

■ **呀诺达热带雨林：** 位于三亚市保亭县三道镇，集热带雨林、峡谷奇观、黎侗风情、热带瓜果于一身，生态环境堪称一流。雨林深处的栈道、石级、吊桥和铁索依山势巧妙结合，可以感受雨林的宁静神秘、震撼和新奇。

■ **五公祠游览区：** 位于海口市区南5千米处，占地3.7万平方米，包括苏公祠、五公祠、二公祠三部分。原为金粟庵，1097年苏轼遭贬曾在此小住，明代民众在金粟庵旧址建苏公祠。为纪念被唐、宋贬至海南的李德裕、李纲、赵鼎、李光、胡铨5位爱国忠臣，清代建五公祠，有"海南第一楼"之称。二公祠则纪念海瑞和邱浚。这里花木繁茂，楼阁恢宏，素称"琼台胜景"。

■ **铜鼓岭：** 位于文昌市龙楼镇。西连内陆，东濒南海，是海南的最东角。这里山美石奇，传说动人，素有"琼东第一峰"之美称。铜鼓岭主峰海拔338米，三面环海，地貌奇特，植被繁茂。

■ **博鳌亚洲论坛永久会址：** 位于琼海市博鳌镇东屿岛，有宏伟气派的现代建筑、智能化的会议设施、动静相宜的高尔夫球场、河海交融的旖旎风光、古老动人的美丽传说，演绎着人与自然的和谐。

－特色产品－

海南岛是我国热带作物主要生产基地，还是全国最大的南繁育种基地，盛产橡胶、可可、胡椒、菠萝、芒果、咖啡。手工艺品有椰雕、珊瑚盆景。五指山的红、绿茶亦佳。海参、龙虾、海马、水蛇、珊瑚为当地名产。文昌市会文镇的八哥远销海外，被称为"八哥之乡"。

－风味美食－

海口菜的口味与粤菜差不多，但却以椰味见长，比如椰奶鸡、椰奶燕窝盅等。海南名菜有文昌鸡、嘉积鸭、东山羊、和乐蟹以及石山扣羊肉、曲口海鲜、斋菜煲等。在三亚吃海鲜是不用说，海边的大排档往往是很多游客的选择，不过要记得提前讲好价钱。另外像酸粉、粗粉、清补凉、炒冰、竹筒饭和五色饭也很有海南的热带风情。

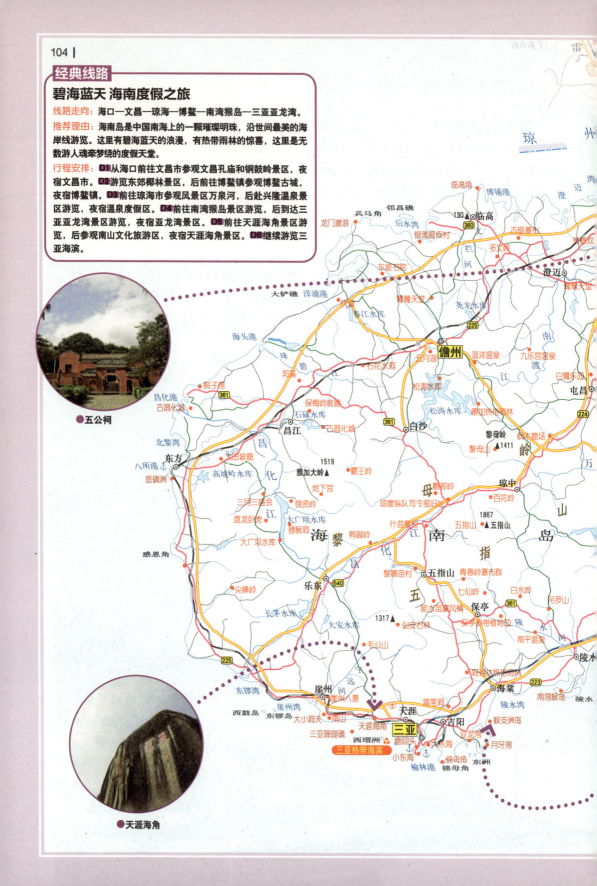

经典线路

碧海蓝天 海南度假之旅

线路走向： 海口—文昌—琼海—博鳌—南湾猴岛—三亚亚龙湾。

推荐理由： 海南岛是中国南海上的一颗璀璨明珠，沿世间最美的海岸线游览。这里有碧海蓝天的浪漫，有热带雨林的惊喜，这里是无数游人魂牵梦绕的度假天堂。

行程安排： **D1** 从海口前往文昌市参观文昌孔庙和铜鼓岭景区，夜宿文昌市。**D2** 游览东郊椰林景区，后前往博鳌镇参观博鳌古城，夜宿博鳌镇。**D3** 前往琼海市参观风景区万泉河，后赴兴隆温泉景区游览，夜宿温泉度假区。**D4** 前往南湾猴岛景区游览，后到达三亚亚龙湾景区游览，夜宿亚龙湾景区。**D5** 前往天涯海角景区游览，后参观南山文化旅游区，夜宿天涯海角景区。**D6** 继续游览三亚海滨。

● 五公祠

● 天涯海角

海　南

●博鳌亚洲论坛会址

●蜈支洲岛

海南省全图

重庆

地图标注：
泉口县
巫溪县
2797
城口区
奉节县 巫山县 **长江三峡**
云阳县
开县区
万州区 **天坑地缝**
梁平区 **潭獐峡**
垫江县
大足石刻 忠县
铜梁区 **缙云山** 北碚区 长寿区 1680
大足区 璧山区 渝北区 石柱土家族自治县
荣昌区 **重庆** 涪陵区 丰都县 1388
江津区 巴南区 武隆区 黔江区
永川区 南川区 彭水苗族土家族自治县
喀斯特(武隆)
喀斯特(金佛山) A251 **芙蓉江**
四面山 宣隆区 酉阳土家族苗族自治县
秀山土家族苗族自治县

人文历史

重庆市简称渝。地处我国西南部，四川盆地东南部。东与湖北、湖南2省为邻，南部与贵州省接壤，西连四川省，北同陕西省毗邻。全市面积8.23万平方千米。人口3404万，有汉、回、苗、彝、藏、土家等民族。市辖26个区、8个县、4个自治县。

公元前11世纪为周代所封巴国首府，后历改江州、恭州。1929年设重庆市。1939年升中央直辖市，次年定为陪都。建国初期，为西南行政区领导机关驻地。1954年改为四川省辖市。1997年3月，设中央直辖的重庆市。

地理地形

全境轮廓形似"人"字，山地、丘陵、盆地兼备，即东、南、北三面均为山地，西及西南部分地区有丘陵和平坝分布。北部有西北—东南走向的大巴山横亘，东部及东南部有巫山和七曜山，呈东北至西南走向，地势陡峭，河谷深切，长江自西向东横切巫山，形成著名

的长江三峡。光头山海拔2685米，为市内最高点。东南部多岩溶地貌。西南部以低山丘陵为主。河流有长江、嘉陵江、乌江、渠江等。

交通概览

铁路：成渝、川黔、襄渝3线分别与宝成、成昆、京广等线衔接，通往全国各地。

公路：重庆至成都、贵州、达州、涪陵、万州高速公路和大量地方公路交会成网。

水运：是长江上游的水运中心，年吞吐量约1000万吨，3000吨江轮可直达上海、武汉。

民航：江北国际机场可起降大型客机，航班可通往全国40多个城市和香港、澳门，国际航班通往曼谷、名古屋、首尔。

风景名胜

是中国旅游发达地区之一。国家重点风景名胜区有长江三峡、缙云山、四面山、金佛山、芙蓉江、天坑地缝。大足石刻武隆喀斯特列入世界遗产名录。涪陵白鹤梁石鱼题刻、丰都名山、红岩村革命纪念馆、北温泉公园、万

州太白岩、大宁河小三峡等为闻名旅游景点。

■**长江三峡**：从重庆奉节白帝城至湖北宜昌南津关之间的瞿塘峡、巫峡、西陵峡的总称，全长193千米，风光如画。瞿塘峡长约33千米，江面宽仅100余米，以其雄奇壮观著称，入口处的夔门誉为"天下雄"。中段的巫峡，长约40千米，西岸巫山十二峰秀丽多姿，为最有观赏价值的一段水程。西陵峡居东，长约120千米，以滩多水急闻名，有著名的兵书宝剑峡、牛肝马肺峡、青滩、灯影峡。三峡沿岸，白帝城、石宝寨、张飞庙、神女峰、高唐观、秭归屈原沱、香溪昭君故里是驰名的游览胜地。

■**缙云山**：位于市区西北60千米北温泉之上。山有狮子、香炉、日照、猿啸、莲花、夕照、玉尖、宝塔、聚云等9峰，素有"小峨眉"之称。主峰狮子峰峰顶可观日出，可浏览嘉陵江和北碚全景。公元423年修建的缙云寺已有1500多年的历史。山上诸峰环绕，古木参天，翠竹成林，是避暑胜地。

■**金佛山**：位于南川市境内，是国家重点风景名胜区。原始森林中，有被称为活化石的银杉，药用植物多达2000种以上，有古生植物、稀有植物的自然博物馆之称。

■**大宁河小三峡**：位于巫山县境内，是大宁河上的龙门、巴雾、滴翠三处峡谷的总称。该峡南起大宁河汇入长江的河口，北至涂家坝，全长约50千米。沿途峭崖秀峰，陡滩急流，清泉飞瀑，奇岩古洞，倒悬钟乳，自然景色秀丽多姿。峡内还可见巴人悬棺、船棺和古栈道遗迹。

■**大足石刻**：在大足县境内。唐宋石刻造像5万余尊，分布于40余处，北山和宝顶山两处艺术价值最高。

■**天坑地缝**："天坑"在地理学上叫"岩溶漏斗地貌"，位于距奉节县城91千米的荆竹乡小寨村，坑口直径622米，坑底直径522米，坑深666.2米，是地下河的一个"天窗"，属当今世界洞穴奇观之一。地缝位于距奉节县城91千米的兴隆区境内，为地面一条长14千米的天然缝隙，是典型的"一线天"峡谷景观。

-特色产品-

涪陵榨菜闻名全国，梁平柚子，云阳、合川桃片，永川豆豉，荣昌夏布，江津米花糖，大足竹编也颇有名气。

-风味美食-

来到重庆火锅是必吃的，小吃也种类繁多，有重庆酸辣粉、老麻抄手、小脑壳特色烧烤、担担面、串串香、涪陵油醪糟、香山蜜饼、酉阳麻辣牛肉片、凉糍粑、忠县香山蜜饼、魔芋鸭火锅、山城小汤圆等，不能错过。

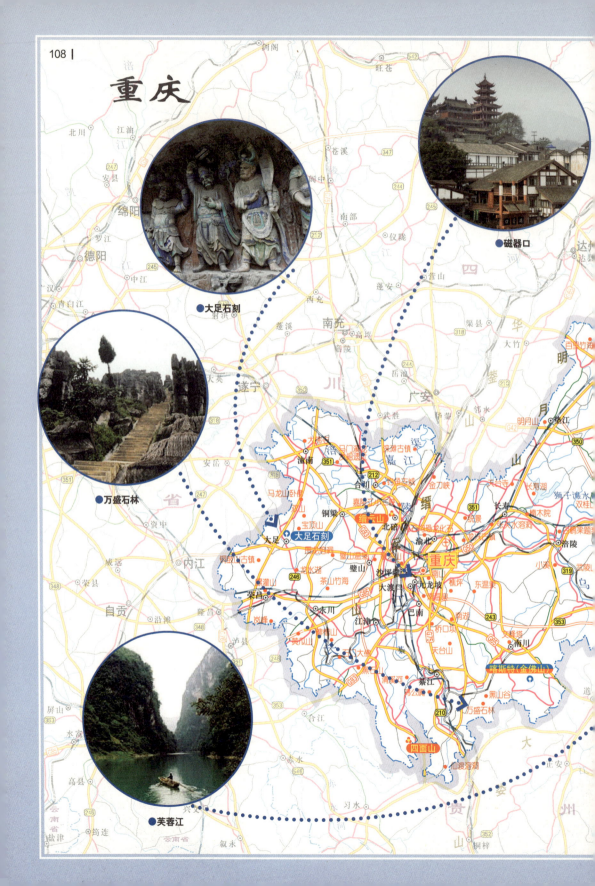

重庆

●磁器口

●大足石刻

●万盛石林

●芙蓉江

大足石刻

万盛石林

四面山

喀斯特(金佛山)

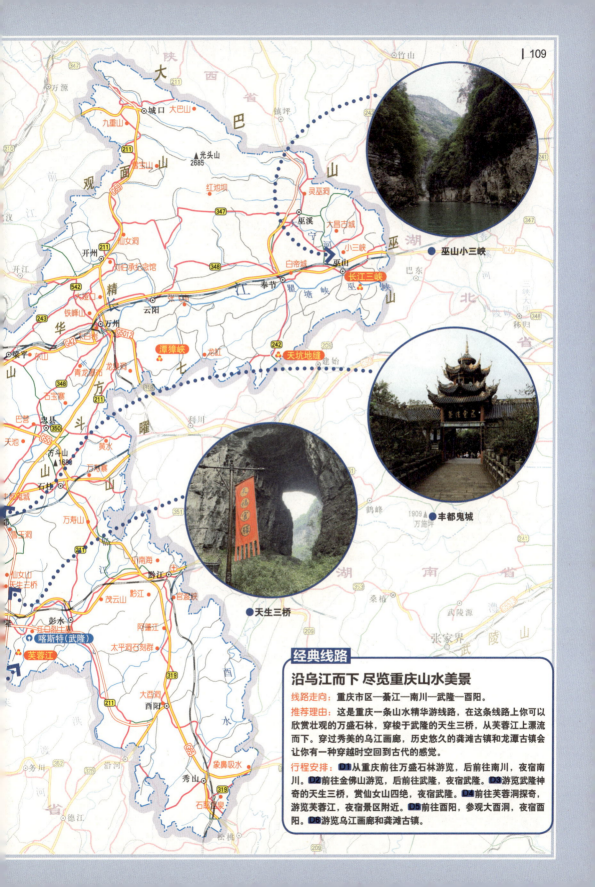

● 巫山小三峡

● 丰都鬼城
1909 万施坪

● 天生三桥

经典线路

沿乌江而下 尽览重庆山水美景

线路走向： 重庆市区—綦江—南川—武隆—酉阳。

推荐理由： 这是重庆一条山水精华游线路，在这条线路上你可以欣赏壮观的万盛石林，穿梭于武隆的天生三桥，从芙蓉江上漂流而下。穿过秀美的乌江画廊，历史悠久的龚滩古镇和龙潭古镇会让你有一种穿越时空回到古代的感觉。

行程安排： D1从重庆前往万盛石林游览，后前往南川，夜宿南川。D2前往金佛山游览，后前往武隆，夜宿武隆。D3游览武隆神奇的天生三桥，赏仙女山四绝，夜宿武隆。D4前往芙蓉洞探奇，游览芙蓉江，夜宿景区附近。D5前往酉阳，参观大酉洞，夜宿酉阳。D6游览乌江画廊和龚滩古镇。

四川

人文历史

四川省简称川或蜀。地处我国西南地区、长江上游，与陕西、甘肃、青海、西藏、云南、贵州等省区及重庆市接壤。全省面积约49万平方千米。人口9121万，有汉、彝、藏、苗、回、羌等民族。省辖18个地级市、3个自治州、19个县级市、105个县、4个自治县及55个市辖区。省会成都市。

春秋战国时为巴、蜀等国地。秦置巴、蜀2郡。汉置益州。唐属剑南道、山南西道及吐蕃地。宋置益州、梓州、利州、夔州4路总称四川路。元置四川行省。明设四川布政使司。清为四川省。

地理地形

地形复杂多样，可分为平原、丘陵、山地和高原四大类。地势西高东低，两部迥然有别。西部山地、高原隆起；东部相对低下，是著名的四川盆地。主要山脉有大巴山、米仓山、岷山、邛崃山、大雪山、大凉山、峨眉山等，大雪山主峰贡嘎山海拔7556米，为本省最高峰。川西北高原、川西南山地面积广大，雅砻江、岷江、沱江、嘉陵江等依地势纵贯汇入长江（金沙江）。

交通概览

以铁路为骨干，形成水运、公路、航空并举的总体运输网。

铁路：有成渝、宝成、成昆、襄渝、达成、内六等干线。

公路：以京昆、沪蓉、渝昆、厦蓉、包茂、兰海、成渝环线等国家高速为主干，成乐、成灌、成彭、成赤等高速为补充，辐射省内各主要城市，多条国道、省道四通八达。

水运：形成以长江为总干线，嘉陵江、岷江为主要内河航道的水运网。

民航：有成都、西昌、宜宾、达州、泸州、广元、绵阳等机场，可达国内50多个城市，成都可达曼谷、新加坡。

风景名胜

境内既富名山胜水，又多文物古迹，是中国旅游发达地区之一。国家重点风景名胜区有峨眉山、青城山—都江堰、黄龙寺—九寨沟、剑门蜀道、贡嘎山、西岭雪山、四姑娘山、蜀南竹海、石海洞乡、邛海—螺髻山、白龙湖、光雾山—诺水河、天台山、龙门山、九寨沟、黄龙、峨眉山—乐山大佛、青城山—都江堰列入世界遗产名录。杜甫草堂、武侯祠、太白故里等为闻名旅游景点。

■峨眉山：位于四川盆地西南部的峨眉山市。其主峰万佛顶海拔3098米，气势雄伟，兼有苍松翠柏，流泉飞瀑，素有"峨眉天下秀"之称，与山西五台山、浙江普陀山、安徽九华山并称为中国佛教四大名山，为普贤菩萨的道场。峨眉山佛寺与自然风光结合为主，尤其以金顶的佛光最令人神往。

■九寨沟：地处本省北部的九寨沟县境内。是岷山丛中一条纵深40千米的山沟谷地，因其间有九个藏族村寨得名。从山间至河谷地带，有连续的湖泊100多个，多瀑布，水清林幽，万象天然。景区以翠海、叠海、彩林、雪山、藏情"五绝"享誉国内外。

■都江堰：我国古代四大水利工程之一。位于都江堰市，为战国时蜀郡守李冰主持修建的水利工程。该工程凿通玉垒山，由鱼嘴将岷江分为内、外江，以飞沙堰与宝瓶口配合自动调节内江水位，并淘出淤沙到外江，现保证成都平原免受洪水之灾，又获灌溉之利。有伏龙观、宝瓶口、二王庙、安澜桥等建筑。

■青城山：位于都江堰市青城山镇。是中国四大道教名山，人称"青城天下幽"。青城山有前山后山两条线路，前山为道家建筑精华，后山则以林幽水秀等山水风光见长。

■黄龙寺风景区：在松潘县城北约35千米处。古称雪山寺，建于明代，寺门匾额从前、右、左不同角度观看呈不同字样。黄龙风景区以彩池、雪山、峡谷、森林"四绝"闻名于世，是中国唯一保护完好的高原湿地。景区周围林木茂密，间有天然形成的大

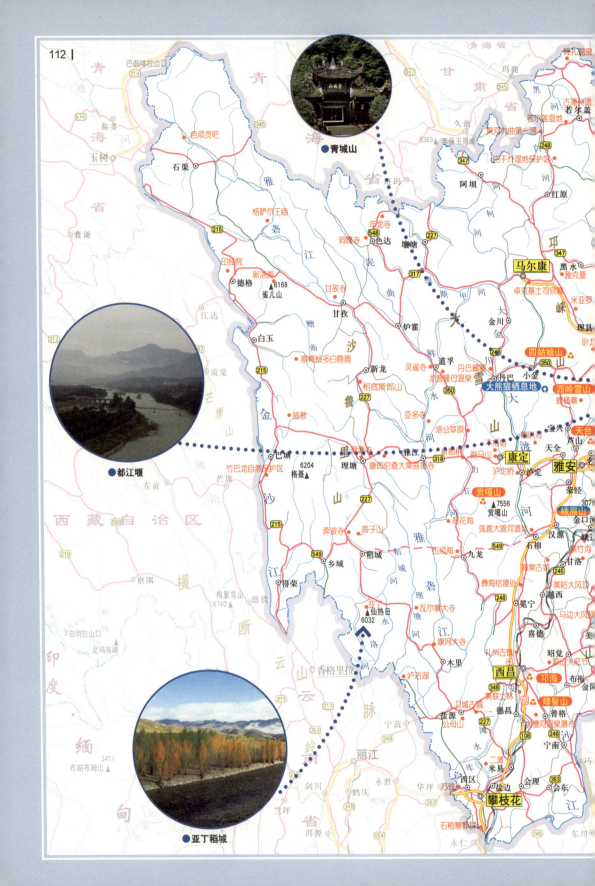

● 青城山

● 都江堰

● 亚丁稻城

经典线路

幽幽康定幽幽情 川西摄影民俗之旅

线路走向：成都—卧龙—丹巴—康定—海螺沟。

推荐理由：这条线路所经之地保留了天地本有的壮美风景，这里没有现代社会的加工痕迹，也没有人声鼎沸的旅游人群，无论是纯美自然的羌寨碉楼，还是丹巴的美人谷，抑或悠悠动听的康定情歌都令人心驰神往。另外，你还能近距离和国宝大熊猫来个亲密接触。

行程安排：D1从成都市区出发，前往卧龙自然保护区，看大熊猫。夜宿景区附近。**D2**游览四姑娘山的双桥沟，夜宿丹巴县城。**D3**在丹巴走访丹巴美人谷和甲居藏寨，夜宿丹巴县城。**D4**前往塔公草原，走近"摄影天堂"新都桥，夜宿附近藏民客栈。**D5**游览高原湖泊木格措，和《康定情歌》里的跑马山，去理塘温泉，夜宿理塘。**D6**康定继续南行就到了海螺沟景区。

四川

小水池数以千计，状若梯湖，底色斑斓，通称五彩池。景区由黄龙、牟尼沟和丹云峡三部分组成，有着"人间瑶池"的美誉。

■**剑门蜀道**：川、陕间有秦岭阻隔，古称"蜀道难，难于上青天"。秦以来自陕西汉中经广元、剑门到梓潼，大修栈道，沿途植树，终成交通要道。剑门至梓潼段，浓荫蔽日，故称"翠云廊"，沿途有剑阁、清风峡、宝山等旅游景点。

■**蜀南竹海**：位于宜宾市长宁县连天山余脉，7万余亩的楠竹覆盖着大小28座岭峦、500多个山丘。蜀南竹林的绵延起伏，面积之广足以冠上"竹海"之名。

■**邛海**：位于凉山州西昌市西南郊。和很多的高原湖景一样，邛海以静谧清澈著称，四季景色各有不同。邛海不仅景色秀美，还有众多美妙的民间传说，更烘托出它的神秘和美丽，李膺《盖州记》和《太平御览》等著述中均有不少记载。

■**乐山大佛**：位于乐山市市中区凌云路。为唐代海通和尚所刻，临江靠壁，风景险丽，大佛头与山齐，足踏大江，双手扶膝，临江危坐，十分壮观。九曲栈道沿大佛

右侧开凿，奇陡无比，站在顶端能最近距离地看到大佛头部的雕刻。

■**亚丁自然保护区**：位于甘孜州稻城县香格里拉乡。以独特的原始生态环境而闻名，有着丰富的动植物资源，复杂多样的生物基因和罕见的极高山自然生态系统。核心景区是三座呈"品"字形排列的雪峰，即三怙主神山。

—特色产品—

四川卤漆、银丝工艺品、竹雕、竹席、瓷胎竹编、雪魔芋、天麻、虫草、田七、黄连、鲜笋、茶叶、白蜡较为有名。浓香、绵甜甘洌的主要名酒有全兴大曲、泸州老窖特曲、剑南春、宜宾五粮液。名优食品赖汤圆、龙抄手、担担面、麻婆豆腐、天府可乐、天府花生、怪味胡豆、四川腊制肉品也很有名。工艺美术品有蜀绣、竹编制品等。

—风味美食—

川菜的美味自不用讲，山好水好厨子好，油香米香辣椒香，鸳鸯火锅、麻婆豆腐、夫妻肺片、锅盔、担担面、龙抄手、伤心凉粉、钵钵鸡都是红遍全国的名小吃，因此来成都不多吃点可是不行。许多成都名小吃均源于乐山，乐山棒棒鸡、白宰鸡、来凤鱼、跳水兔、玻璃烧卖、蒸笼牛肉夹饼、豆腐干夹萝卜丝等。来宜宾要品尝宜宾燃面、李庄白肉、叶儿粑、泥溪芝麻糕、柏溪潮糕等当地特色的小吃。

赤水
中国丹霞(赤水)
沿河乌江山峡
梵净山
铜仁
九龙洞
遵义
江界河
石阡温泉群
毕节
九洞天
潕阳河
喀斯特(施秉)
织金洞
红枫湖
贵阳
凯里
龙宫
安顺
斗篷山—剑江
都匀
黎平侗乡
黄果树
平塘
苗山侗水
紫云格凸河穿洞
荔波樟江
马岭河峡谷
喀斯特(荔波)
兴义

贵州

人文历史

贵州省简称黔。地处我国西南的云贵高原东部，北邻川、渝，西与云南接壤，南与广西相邻，东与湖南为界。全省面积约18万平方千米。人口4529万，有汉、苗、布依、侗、彝、水、回、仡佬、壮、瑶等民族。省辖6个地级市、3个自治州、10个县级市、50个县、11个自治县、1个特区及16个市辖区。省会贵阳市。

战国时为且兰、夜郎地。秦置黔中等郡及夜郎国。汉属荆、益两州。唐置黔中道。宋置矩州等。元设顺元、播州等宣抚司。明置贵州布政使司。清为贵州省。

地理地形

全境通称贵州高原，地势西部高，东部和南部低，自西而东而南逐步下降，平均海拔1000米以上。全省地貌为典型山区，地形切割强烈，山岭险峻，河谷纵横，小型盆地散布山间，万亩以上的盆地有19个，当地称平坝。主要山脉有乌蒙山、大娄山、苗岭等，海拔2900米的乌蒙山韭菜坪为本省最高峰，有10千米以上河流1000多条，主要有乌江、赤水河、清水江、蒙江、鸭池河、都柳江、南盘江、北盘江，乌江流域面积占全省面积的2/5。湖泊不多，西部的草海最大，面积46.6平方千米。

交通概览

铁路：黔桂、川黔、贵昆、湘黔四条铁路呈"十"字交叉，与相连的南昆、内昆等线构成全省运输大动脉。

公路：以贵阳为中心，通达省内各县。有沪昆、厦蓉、兰海等高速公路。

水运：在乌江、赤水河下游开辟了机动拖轮航道。

民航：以贵阳为中心，通往北京、郑州、成都、昆明、上海、广州等30多个城市。

-风景名胜-

本省既富名山胜水，又多文物古迹，是我国旅游较发达地区之一。国家重点风景名胜区有黄果树、潕阳河、红枫湖、织金洞、龙宫、荔波樟江、赤水、马岭河峡谷、都匀斗篷山—剑江、九洞天、九龙洞、黎平侗乡。

■**黄果树瀑布**：黄果树瀑布是世界第三大瀑布，我国第一瀑布，属喀斯特地貌中的侵蚀裂瀑布。位于安顺市镇宁布依族苗族自治县的黄果树镇打邦河上源白水河上，东北距安顺45千米。以黄果树瀑布为核心，在上游和下游20河段上，共形成了风格各异的瀑布18个。瀑布总共有九级跌水，瀑布宽101米，落差77.8米，直捣犀牛潭，声震十里，玉珠飞溅。有黄果树大瀑布、水帘洞、犀牛潭、滑石硝、螺丝滩瀑布、石头寨、天星桥等景点。

■**潕阳河**：位于贵州省东部，是沅江上游一条长35千米的支流。河段分为诸葛峡、龙王峡和西峡，以风光秀丽，景色奇特著称。诸葛峡狭窄如瓮，南岸有奇特的间歇喷泉；下游高碑寨，景色幽秀；沿河两岸还有一线天、石笋、石塔、卧虎崖等胜景。

■**红枫湖**：位于贵阳西40千米处。为猫跳河上可防洪、发电、灌溉、养鱼的大型水库。湖区宽窄不等，湖中分布岛屿70多个，湖边以山青、水秀、洞奇、石怪著称，适宜垂钓、旅游、划船、爬山、狩猎。

■**织金洞**：位于安顺北123千米，织金县内，是一座规模宏大的喀斯特溶洞。溶洞最高为150米，最宽为175米，面积约30万平方米。洞内石笋、岩塔蔚然成林，地下湖泊碧波粼粼，巨幅帷幕金光闪闪，像一座金碧辉煌的宝殿。

■**龙宫**：位于安顺南27千米的龙潭布依族山寨脚下。为一座串珠状的暗湖溶洞，地下水由高50米的"龙门"泄下，瀑布声如雷鸣，下方形成深43米、面积达1万平方米的深水潭，景色妙趣横生。

■**樟江**：位于黔南州荔波县尧山乡。以秀丽的水江风情和喀斯特森林为特色，景区内峰峦叠嶂，溪流纵横，既有幽丽险秀的自然景色，还有热烈古朴的布依族、苗族风情，主要包括小七孔、大七孔、水春河等几个景区。小七孔景区因小七孔桥而得名，处于狭长的幽谷之间，幽洞飞瀑，怪石嶙峋，以精巧、秀美、古朴、幽静著称。大七孔景区因大七孔古桥而得名，景区以原始森林、峡谷、伏流、地下湖为特色，险丽神秘，气势磅礴，景区内峡谷幽洞堪为一绝。水春河是樟江风光最为秀丽的一段，因布依族水春寨而得名，险峰、峭壁、滩急、密林为其特色。景区内的峡谷漂流，历经29道浪，惊险而刺激。

■**西江苗寨：**位于黔东南州雷山县西江镇。是中国最大的苗寨，有著名的银匠村，其银饰制作工艺水平极高。并保存有原生态的苗族风俗，以西江鼓藏节为代表，集中展现了苗族的芦笙、铜鼓、银饰、挑花刺绣等民族风情。

■**郎德苗寨：**位于黔东南州雷山县郎德镇。古香古色的吊脚楼，蜿蜿蜒蜒的卵石路，寨内苗民着长裙，又称"长裙苗"。寨子以歌舞远近闻名，敬酒歌、苗族飞歌、芦笙舞、铜鼓舞、板凳舞等都是一绝。

■**肇兴侗寨：**位于黔东南州黎平县肇兴乡。被称为"黎平第一侗寨"，以鼓楼群最为著名，其鼓楼在全国侗寨中绝无仅有，被誉为"鼓楼之乡"。寨子位于山间的小盆地，四面环山，小河流过，景色秀丽异常。

─特色产品─

特产首推茅台酒，因产于仁怀市茅台镇得名，酒味独特，被誉为"国酒"；董酒、刺藜酒、杜仲酒、天麻酒等均享有盛誉。贵州天麻、杜仲等中药驰名。威宁火腿、兴义大红袍、橘子，安顺竹叶青茶、福肉酥酥、黄花菜、香菌均为名品。蜡染、扎染、刺绣、挑花为传统手工艺品，图案生动美丽，色彩绚丽悦目，具有浓郁的民族艺术风格。贵州蜡染（泥鳅台布）、贵州土陶（鸡纹双耳缸）、花苗台布、漆器蚌壳盒被评为地方优秀旅游产品。

─风味美食─

贵州人爱吃辣爱吃酸，辣子鸡、泡椒板筋、花江狗肉、酸汤鱼、状元蹄都是贵州名菜。贵阳的夜市更是四季火爆，多以小吃为主，像烧烤、砂锅粉、丝娃娃、卤菜、爆炒小龙虾、螺蛳、河蟹等，还有八宝饭、汤圆之类。酸汤鱼以凯里的酸汤最为正宗。遵义的豆花面和羊肉粉不得不吃，另外龙爪肉丝、折耳根炒腊肉、遵义鸡蛋糕、黄糕粑、洋芋粑粑、筒筒笋也是本地的特色美食。

贵州

经典线路

黔东秀丽山水民族风情游

线路走向： 贵阳—凯里—黄平—镇远—九龙洞—梵净山。

推荐理由： 这条线路是从贵阳出发往东的山水旅游热线，潕阳河沿岸的岩溶奇观，梵净山峥嵘奇伟的山岳地貌，沿途还可看到舟溪苗寨、旧州古镇、镇远古城等人文景观，感受到少数民族的质朴和热情，品味滇东大地的古老和沧桑。

行程安排： D1从贵阳前往凯里参观民族博物馆，然后前往舟溪镇参观苗寨，晚上返回凯里市住宿。D2去往黄平县参观飞云崖景区，下午到旧州古镇参观，夜宿黄平县。D3参观镇远古城，沿途经过云台山、杉木河和潕阳河景区，夜宿镇远县城。D4游览东山阁楼和九龙洞，夜宿九龙洞景区附近。D5前往梵净山景区游览。

中国丹霞（赤水）

● 黄果树大瀑布

● 龙宫

● 梵净山

● 潕阳河

● 肇兴侗寨

云南

人文历史

　　云南省简称滇或云。地处我国南部边疆，云贵高原西南部。西、南与缅甸、老挝、越南交界，东、北邻广西、贵州、四川、西藏等省区。全省面积约39万平方千米。人口4769万，有汉、彝、白、哈尼、壮、傣、苗、傈僳、回、拉祜、佤、纳西、瑶、藏、景颇、布朗、普米、怒、阿昌、德昂、蒙古、独龙、基诺等民族，是我国民族最多的省。省辖8个地级市、8个自治州、18个县级市、65个县、29个自治县及17个市辖区。省会昆明市。

　　云南省历史悠久，战国为滇、寿靡地。东汉设永昌等郡。隋置南宁州总管府。唐、五代先后为南诏国和大理国地。元置云南行省，以处于云岭之南得名。明置云南布政使司。清为云南省。

地理地形

　　山地高原约占全省面积的94%，仅6%为星罗棋布的山间盆地。地势西北高，东南低。主要山脉有横断山、怒山、雪山、高黎贡山、云岭、乌蒙山、无量山、哀牢山、五莲峰等。怒山主峰梅里雪山海拔6740米，为本省最高峰。有大小河流600多条，其中主要的有180多条，分属伊洛瓦底江、怒江、澜沧江、金沙江、元江（红河）和南盘江六大水系。湖泊约40多个，主要有滇池、洱海、抚仙湖、泸沽湖、异龙湖、程海。滇池面积最大，集水面积2850多平方千米。

交通概览

　　铁路：有成昆、昆河、贵昆、南昆等线。

　　公路：以昆明为中心，通达省内各市县及乡镇，主要有杭瑞、渝昆、沪昆、京昆、昆磨等高速，及通往主要景区丽江、石林、建水的高速公路。

水运：从水富港有航线直达上海。

民航：以昆明为中心，可通国内60多个城市及省内西双版纳、思茅、芒市、保山、大理、丽江、昭通、香格里拉等地，国际航班可通曼谷、仰光、汉城、新加坡、万象。

风景名胜

本省名山胜水众多。国家重点风景名胜区有昆明滇池、石林、大理、西双版纳、三江并流、丽江玉龙雪山、腾冲地热火山、瑞丽江—大盈江、九乡、建水、普者黑、阿庐等。丽江古城、三江并流哈尼梯田、澄江化石地、景迈山古茶林列入世界遗产名录。

滇池：中国第6大淡水湖。位于昆明市区西南24千米处，又名昆明湖，面积约320平方千米，是滇中高原的陷落湖。湖区一碧万顷，风光秀丽，烟波浩渺，雄伟壮观。被誉为"高原明珠"。

大理古城：位于大理市大理镇。古城面临洱海，背枕苍山，有着奇美的风景和古老的建筑。古城依旧保留着明清以来的格局，人称九街十八巷，古朴幽静。街市上有热闹的商铺，有清澈的流水，无不展示着古城的遥远神秘。

洱海：位于大理州大理市。洱海湖水清澈，透明度高，是遗落群山之间的绝美风景，泛舟湖上，如入人间瑶池。这里还是白族文明的祖先发祥地，有着古老的民族文化。

西双版纳：地处滇南，一般指以景洪为中心的勐龙、勐海、勐养、勐仑等，以浓郁的热带风光和绚丽的民族风情为特色。这里的热带原始森林为重点自然保护区，有大象、孔雀、犀牛等名贵动物。

石林：俗称李子箐，位于石林彝族自治县内，面积40余万亩，包括大石林、小石林、外石林、芝云洞、奇风洞、黑松岩、藏湖等处。形成于古生代，是发育典型的岩溶地貌。有石灰岩形成的石峰、石柱、石芽、石钟乳、石笋、溶蚀洼地、地下河和地下溶洞等。这里群峰壁立，奇峰危石，千姿百态。

元阳梯田：位于红河州元阳县胜村乡坝达村。梯田壮观优美，极具立体感，层层梯田连绵不断，从河谷到山巅，把梯田、流水和村寨都抬上云海。站在麻栗寨茶厂观赏，近万亩的梯田如一片坡海，粼粼泛光，从粉红到绚红到鱼白，神秘异常。

三江并流：地处滇西北。横断山脉峰谷相间，怒江、澜沧江、金沙江皆自北而

●玉龙雪山

●丽江古城

●崇圣三塔

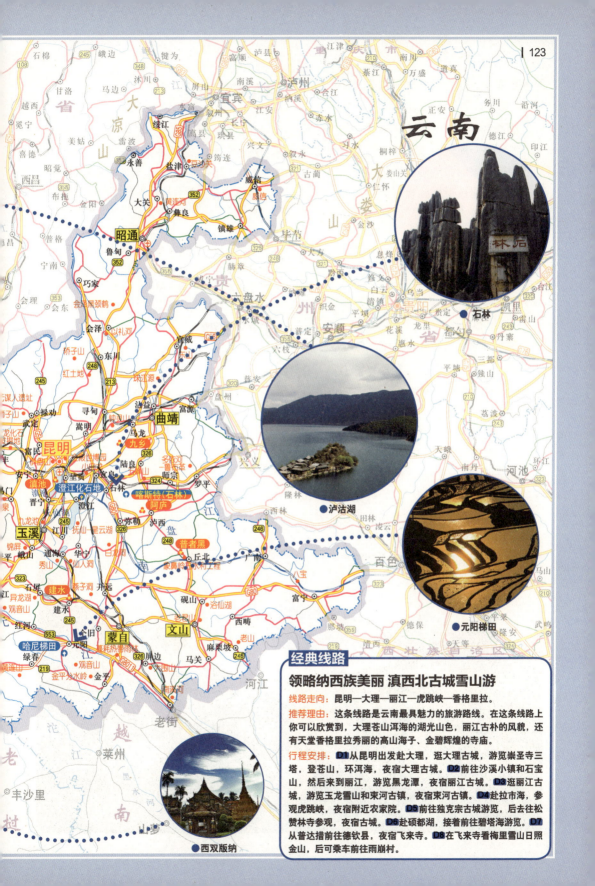

云南

● 石林

● 泸沽湖

● 元阳梯田

● 西双版纳

经典线路

领略纳西族美丽 滇西北古城雪山游

线路走向：昆明—大理—丽江—虎跳峡—香格里拉。

推荐理由：这条线路是云南最具魅力的旅游路线。在这条线路上你可以欣赏到，大理苍山洱海的湖光山色，丽江古朴的风貌，还有天堂香格里拉秀丽的高山海子、金碧辉煌的寺庙。

行程安排：D1 从昆明出发赴大理，逛大理古城，游览崇圣寺三塔，登苍山，环洱海，夜宿大理古城。D2 前往沙溪小镇和石宝山，然后来到丽江，游览黑龙潭，夜宿丽江古城。D3 逛丽江古城，游览玉龙雪山和束河古镇，夜宿束河古镇。D4 赴拉市海，参观虎跳峡，夜宿附近农家院。D5 前往独克宗古城游览，后去往松赞林寺参观，夜宿古城。D6 赴硕都湖，接着前往碧塔海游览。D7 从普达措前往德钦县，夜宿飞来寺。D8 在飞来寺看梅里雪山日照金山，后可乘车前往雨崩村。

南咆哮并行，景色极为壮观，适宜探险、漂流、旅游及科学考察。

■ **松赞林寺**：位于迪庆州香格里拉县城北。该寺整个建筑仿布达拉宫设计，是迪庆地区规模最大的藏传佛教寺庙。寺院依山而建，犹如一座古堡，扎仓、吉康两大主寺建于最高点，寺内历代珍品众多，有"藏族艺术博物馆"之称。

■ **丽江古城**：位于丽江市古城区。遥远而神秘的古城，有着洁白的玉龙雪山，有着家家流水的街道，比起江南春色更多了些神秘。水是古城的灵魂，没有人会不爱上丽江。

■ **泸沽湖**：位于丽江市宁蒗县。是中国西南高原上的一颗明珠，她如宁静的睡美人一般，醉卧在崇山之间，有着迷人的色彩和古老的传说。湖畔居住着古老的摩梭人，是中国唯一存在的母系氏族，实行"男不娶，女不嫁"的"走婚"制度。

■ **玉龙雪山**：在丽江西北10千米处。12峰终年积雪，如擎天玉柱。主峰扇子陡海拔5596米，状如银龙飞舞。西侧金沙江，谷深峡险，长江第一峡虎跳峡即在此处。

─特色产品─

云药（云南白药、田七、天麻、虫草）、云烟（云烟、阿诗玛、茶花、红山茶、红塔山、恭贺新喜等）、云茶（普洱茶、滇红、滇绿、沱茶等）和云腿（宣威火腿、云腿罐头等）享有盛誉。汽锅鸡、过桥米线、玫瑰大头菜、昆明板鸭、象牙芒果、呈贡宝珠梨、蜜桃、鸡枞也很有名。用斑铜、乌铜、锡和大理石制作的工艺美术品，造型生动，别具风格。斑铜孔雀小摆件、彝族撒尼人绣花包、个旧锡制酒具、傣族织锦、苗族挑花蜡染褶裙、白族挑花头巾等，被评为地方优秀旅游产品。

─风味美味─

昆明的汽锅鸡和红烧鸡枞是传统名菜，过桥米线红遍全国，烧饵块、拌饵丝、官渡粑粑、饵丝粑肉都是招牌小吃；大理乳扇、巍山耙肉饵丝、烧饵块、大理活鱼都是大理的特色美食。丽江粑粑酥油茶在云南广为流传，三文鱼、腊排骨、米灌肠、琵琶肉、鸡豆凉粉、纳西拌饭、带皮黑山羊也很受欢迎，丽江的野生菌也是人间美味；在香格里拉糌粑、酥油茶、牦牛肉、青稞酒无疑是最具特色的；香茅草烤鱼、菠萝饭、香竹饭、酸笋煮鸡是最具西双版纳特色的本地菜。

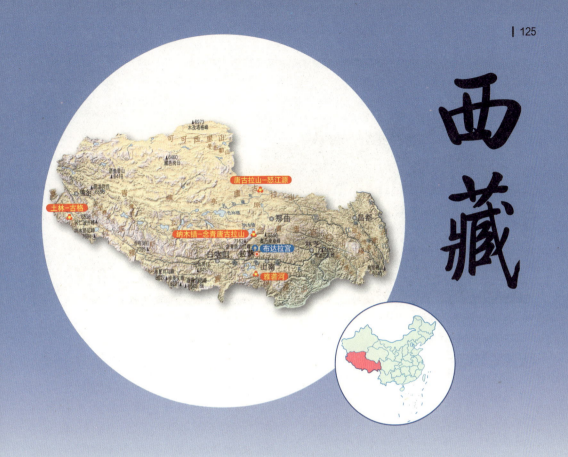

西藏

—人文历史—

　　西藏自治区简称藏。位于我国西南边疆，青藏高原西南部。南及西南与印度、尼泊尔、不丹等三国为邻，东与四川省以金沙江为界，东南与云南省及缅甸相邻，北部与青海、新疆2省区接壤。全区面积约123万平方千米。人口332万，有藏、汉、门巴、珞巴、回等民族。自治区辖6个地级市、1个地区、66个县及8个市辖区。首府拉萨市。

　　古为羌、戎地。唐、宋为吐蕃地。元为宣政院所辖"乌思藏纳里速古鲁孙等三路宣慰司地"。明设乌思藏都司及朵甘都司。清分前藏、后藏、喀木、阿里四部，总称西藏。民国称西藏地方。1965年9月成立西藏自治区。

—地理地形—

　　地处世界上最高的高原，向有"世界屋脊"之称。按地形大致分为四个自然区：藏北高原、藏南谷地、藏东三江峡谷地和喜马拉雅山地，平均海拔4000米以上。主要山脉有喜马拉雅山、昆仑山、唐古拉山、冈底斯山、念青唐古拉山等。其中喜马拉雅山的珠穆朗玛峰海拔8848.86米，为世界最高峰。主要河流有雅鲁藏布江、金沙江、澜沧江、怒江等。其中雅鲁藏布江在境内长约1700千米，是西藏第一大河。1500多个湖泊，总面积2.4万平方千米，是我国湖泊最多的地区。大的湖泊有纳木错、色林错、扎日南木错、班公错、羊卓雍错等。

—交通概览—

　　公路：以川藏、青藏、新藏、滇藏等公路为主干，以拉萨、日喀则、乃东、昌都、那曲为中心的现代公路网已经形成。

　　铁路：青藏铁路翻越唐古拉山，经安多、那曲、当雄、羊八井到拉萨。

　　民航：有拉萨至成都、北京、西安、西

宁、重庆、广州、昆明、上海、香格里拉、昌都及加德满都的航线。

—风景名胜—

本区既富名山胜水，又多名胜古迹，是国内外学者、游客登山科考、探险、朝佛、旅游的理想之地。雅砻河为国家重点风景名胜区，布达拉宫（含大昭寺）列入世界遗产名录。主要名胜还有罗布林卡、八廓街、日喀则、扎什伦布寺、江孜白居寺、万佛塔以及哲蚌寺、成丹寺、色拉寺等。

布达拉宫：位于拉萨市中心，是当今世界上海拔最高、规模最大的宫堡式建筑群，主体建筑是白宫和红宫。相传为7世纪松赞干布迎娶文成公主而建。达赖五世受清朝册封后大加扩建。这座"佛教圣地"依山修筑，高110米，长360米，气势宏伟，装饰堂煌，多藏文物。1990—1994年国家耗巨资全面维修，使其更加辉煌夺目。

大昭寺：位于拉萨市中心。始建于7世纪，后有扩建，为唐代及尼泊尔、印度风格。大殿所奉释迦牟尼镀金像，系文成公主由长安带来。侧殿供松赞干布与文成公主像。文物收藏丰富。

罗布林卡：藏语意为"宝贝园"。位于拉萨市城关区，始建于18世纪达赖七世时，后为历代达赖的夏宫。格桑颇章为藏式宫殿，周围林木繁盛，为民族园林代表。

扎什伦布寺：藏语意为"吉祥须弥"，位于日喀则市。依山傍水，殿宇辉煌。始建于明正统十二年（1447年），为班禅四世以后历代班禅的宗教、政治活动中心。

羊卓雍错：位于山南浪卡子县。与纳木错、玛旁雍错并称西藏三大圣湖，是喜马拉雅山北麓最大的内陆湖泊，湖光山色之美，冠绝藏南。羊卓雍错被誉为世界上最美丽的水。

■ **纳木错**：位于拉萨市当雄县。纳木错藏语为"天湖"之意，蒙古语称"腾格里海"，是西藏三大圣湖之一，藏历羊年转湖的人很多。纳木错的形状像静卧的金刚度母，湖的南面有乌龟梁、孔雀梁等18道梁，湖的北面有黄鸭岛、鹏鸟岛等18个岛。

■ **玛旁雍错**：位于阿里地区普兰县。是世界海拔最高的淡水湖之一。有藏文史料认为玛旁雍错是汉族神话中西王母居住的瑶池。围绕玛旁雍错有8个寺庙，正好分布在湖的四面八方。每到夏秋季，佛教徒扶老携幼来此朝圣，在圣水里沐浴净身以延年益寿。

■ **古格王国遗址**：位于阿里地区札达县托林镇。建在一小土山上，占地约18万平方米，外围建有城墙，四角设有碉楼，从山麓到山顶房屋建筑、佛塔和洞窟密布全山，形成一座庞大的古建筑群。

■ **雅鲁藏布江**：横贯本区南部，喜马拉雅山北侧。流域海拔4500米，是世界上海拔最高的河流，沿江两岸景色悦目，是本区第一大河。下游有世界第一大峡谷——雅鲁藏布大峡谷，全长504.6千米，最深处达6009米，平均深度为2268米。

■ **尼洋河**：位于林芝市巴宜区八一镇。是雅鲁藏布江的一条支流，它发源于米拉山西侧的错木梁拉，由西向东流。尼洋河出工布江达境内，河岸豁然开阔，在林芝与米林交界处汇入雅鲁藏布江，这里一河清澈，一江浑黄，清浊分明，沙洲星罗棋布，不同季节呈现出迥异的田园风光。

■ **珠穆朗玛峰**：藏语意为"圣母"，海拔8848.86米，为世界第一高峰，峰顶终年积雪，一派圣洁景象。珠峰地区拥有4座8000米以上、38座7000米以上的山峰，被誉为地球第三极。

─ 特色产品 ─

首推名贵中药材麝香、当归、鹿茸、天麻、冬虫夏草、贝母、蛤蚧、全蝎、硼砂、藏红花等。藏红花原产国外，具有活血、通经、祛淤、止痛等功能。传统手工艺品繁多，有拉萨、日喀则、江孜地毯，拉萨、江孜卡垫，拉萨、乃东藏式毛呢、围裙，昌都藏靴、金银铜铁器，昌都、拉萨、江孜、日喀则藏装，拉萨陶器，山南木碗等。苹果质优，红元帅、黄元帅等品种含糖量达17%～18%；林芝冬桃个大、色美，称果中绝品。

─ 风味美食 ─

酥油茶、青稞酒、糌粑（即炒面）为著名风味。烧肝为藏民小吃，香嫩味鲜，别有风味。卡色、不鲁、豌豆糌粑、燕麦糌粑等也很有名。

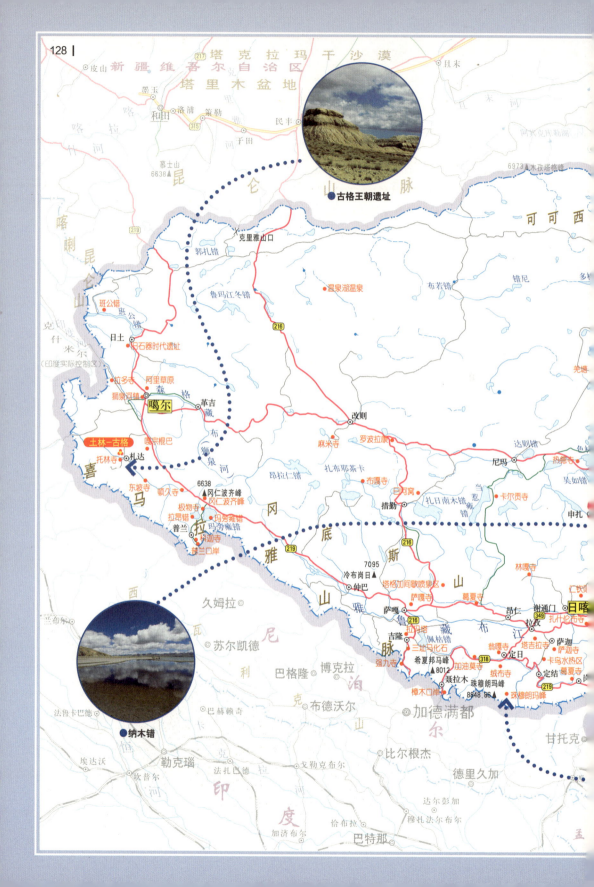

新疆维吾尔自治区
塔克拉玛干沙漠
塔里木盆地

波山
墨玉 洛浦 策勒 民丰
和田 喀 315 洛 且末
喀 木
喇 拉 克里雅山口
昆
仑 于田

慕士山
6638▲ 昆 仑 山 脉
6973▲木孜塔格峰
阿尔金勒勒湖

可可西

古格王朝遗址

郭扎错

喀 219
喇
昆 鲁玛江冬错 温泉湖温泉 布若错 错尼

仑
山 班公错 216 羌博

克印度什米尔
（印度实际控制区）
班公错
日土 旧石器时代遗址 达则错 热那布

拉多寺 阿里草原 森 改则 尼玛 吴如错
狮泉河镇 噶尔
革吉 麻米寺 罗波拉康 卡尔贡寺
布 狮 申扎
土林一古格 嘎宗棍巴 泉 昂拉仁错 扎布耶茶卡 巴阿索 措勤 扎日南木错 惹
扎达 托林寺 河 布嘎寺 雅错
东坡寺 顿久寺 6638 冈
极物寺 ▲冈仁波齐峰 底

拉昆错 玛旁雍错 ▲冈仁波齐峰 斯 216 林嘎寺
普兰 拉 7095 山 仁钦
科迦寺 玛旁雍错 冷布岗日▲ 昂仁 谢通门 日喀
普兰口岸 喜 雅 219 塔格加间歇喷泉区 萨嘎寺 葛夏寺 349 扎什伦布寺
马 仲巴 萨嘎 拉孜 萨迦
久姆拉 萨嘎 216 昂仁 翁嘎寺 塔吉拉寺 卡乌水热区
拉 吉隆 扎曲塔 佩枯错 加油莫寺 定日 318 萨迦寺
尼 苏尔凯德 山 三址马化石 蔓夏寺
利 希夏邦马峰 纳布寺 定结 蔓夏寺
博克拉 脉 强九寺 ▲8012 珠穆朗玛峰 219
巴格隆 泊 聂拉木 8848.96▲
樟木口岸 珠穆朗玛峰

法鲁卡巴德 尔 樟木口岸
纳木错 加德满都 甘托克
巴赫赖奇

埃达沃 布德沃尔 比尔根杰
勒克瑙 法扎巴德 拉 戈勒克布尔 德里久加
狄普尔 印
度 恰布拉
哈济布尔 穆扎法尔布尔 巴特那 孟
达尔彭加

经典线路

行走世界屋脊 仰望神山圣湖之旅

线路走向: 拉萨—萨迦—萨嘎—神山圣湖—普兰—札达—狮泉河镇—日土。

推荐理由: 艰难跋涉在世界屋脊青藏高原之上,能够到达已经是一种幸运,能够看到神山圣湖则更是不虚此行、不虚此生。当你面前呈现出一汪蔚蓝的湖水时,当你面前呈现出一望无垠的高原草原时,当你的耳边回响着喇嘛们诵经的声音时,你应该为你的青藏公路之旅而感到骄傲。

行程安排: **D1**从拉萨前往日喀则市参观萨迦寺,夜宿萨迦县。**D2**前往萨嘎县参观萨嘎寺,夜宿萨嘎县。**D3**从萨嘎县赴神山圣湖参观玛旁雍错,夜宿景区。**D4**参观神山冈仁波齐峰,往普兰县参观普兰口岸,夜宿普兰县。**D5**参观科迦寺,后前往札达县参观托林寺和札达土林,夜宿札达县。**D6**游览东嘎石窟和古格王国遗址,夜宿札达县。**D7**前往狮泉河镇参观阿里草原,后继续前往日土,夜宿日土县。**D8**游览日土城堡、日土岩画和班公错,夜宿日土县。

西藏自治区

●布达拉宫

羊卓雍错

●雅鲁藏布大峡谷

●珠穆朗玛峰

陕西

─人文历史─

陕西省简称陕。地处我国黄河中游，北部跨黄土高原中部。北接内蒙古，西邻宁夏、甘肃，南接川、渝、鄂，东与山西、河南为邻。全省面积约21万平方千米。人口4023万，有汉、回、满、蒙古等民族。省辖10个地级市、7个县级市、69个县及31个市辖区。省会西安市。

本省是中华民族及其远古文化的发祥地之一。有13个封建王朝先后在此建都，历时1100多年。元代设陕西行省。明代置陕西布政使司。清代设陕西省。并析置甘肃省。

─地理地形─

地势南北高，中间低，自北而南分为陕北高原、关中平原、秦巴山地三个自然区。其中，陕北高原黄土分布广泛，具有典型的塬、梁、峁等地形，是我国水土流失严重的地区之一。主要山脉有秦岭、大巴山、华山，秦岭的太白山为本省最高峰，海拔3767米。关中平原（又称渭河平原）、汉中盆地、安康盆地均为农业发达地区，关中平原向有"八百里秦川"之称。东有黄河，北有无定河、延河，西有嘉陵江，南有汉江，中有渭、泾、洛三河以及丹江等河流。其中全长787千米的渭河为黄河的最大支流。

─交通概览─

以铁路为骨干，航空、公路、水运并举的综合运输网初具规模。

铁路：有陇海、宁西、宝中、襄渝、宝成、阳安、西太、西包、西康线以及郑西高铁等。

公路：以西安为中心，主要有包茂、福银、连霍、京昆、青银、沪陕等高速公路和连接各地的干线公路。

民航：有西安、汉中、榆林、延安、安康等机场，可通国内50多个城市，西安可达日本及韩国。

风景名胜

本省既富名山胜水，又多文物古迹，是中国旅游较发达地区之一。国家重点风景名胜区有华山、临潼骊山、宝鸡天台山、黄帝陵、合阳洽川。秦始皇陵及兵马俑列入世界遗产名录。法门寺、乾陵、陕西历史博物馆、大雁塔、西安碑林、华清池、半坡遗址、翠华山、革命圣地延安的宝塔山、杨家岭、枣园等为知名景点。

华山：我国"五岳"之西岳，海拔2160米，为五岳之最。因"远而望之若花状"得名。以奇拔峻秀冠天下，10千米的登山道步步奇险慑人心魄，素有"自古华山一条路"之称。华山上气候多变，有"云华山""雨华山""雾华山""雪华山"等，给人以仙境之感。著名景区有凌空架设的长空栈道，三面临空的鹞子翻身，以及在峭壁绝崖上凿出的千尺幢、百尺峡、老君犁沟等，其中"华岳仙掌"为关中八景之首。

临潼骊山与华清池：骊山位于西安东30千米处。为秦岭支脉，海拔800余米，远望山形如褐色的骏马，故名。山麓有适宜洗浴医疗的温泉四眼，历代帝王多在此建筑行宫别墅。唐玄宗时大兴土木，修汤池，建宫殿，命名为"华清池"。自北面登上骊山三级陡岸，有老母殿、长生殿、周幽王"烽火戏诸侯"的烽火台等名胜古迹。

大雁塔：位于西安城南4千米的唐代最大佛教寺院——慈恩寺内。始建于公元652年，是唐代名僧玄奘为贮藏其自印度取回的佛经而亲自设计的。塔现存7层，高64米，通体呈方形角锥状，是我国古代楼阁式砖塔的优秀典型。

碑林：位于市区三学街的陕西省博物馆内。碑林博物馆始建于1087年（北宋），是我国最大的书法艺术宝库，入藏碑石近3000块，现设6个碑廊、7座碑室、8个碑亭。其中珍品有唐"开成石经"，颜真卿、柳公权、欧阳询、赵孟頫、张旭等大书法家刻石和墨宝，唐"昭陵六骏"中的四骏。"碑林"二字为林则徐手书。现除碑林外又增加了石雕、石棺、墓志等。

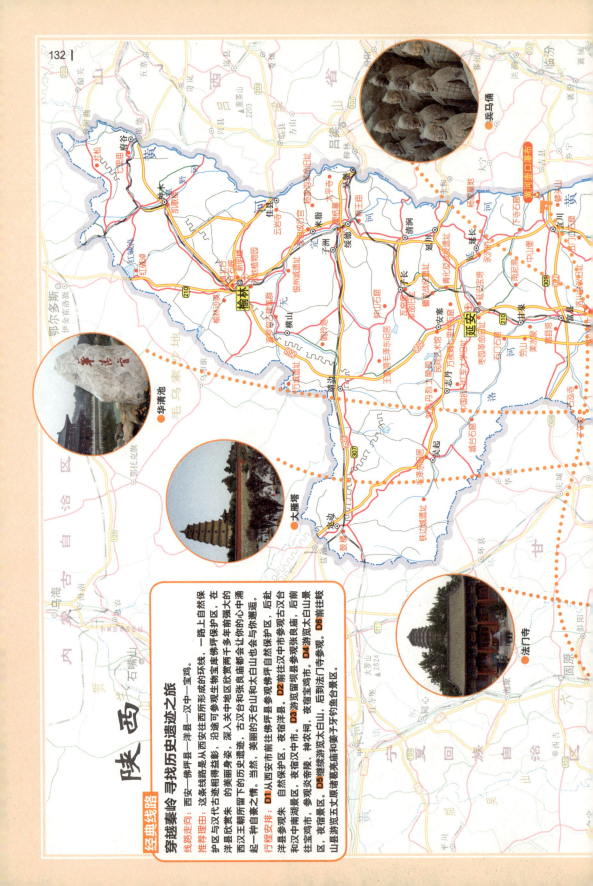

陕西

经典线路

穿越秦岭 寻找历史遗迹之旅

线路走向：西安—佛坪县—洋县—汉中—宝鸡。

推荐理由：这条线路是从西安往西所形成的环线，一路上自然保护区与汉代古迹相得益彰，沿途可参观生物宝库佛坪保护区，在洋县欣赏朱鹮的美丽身姿，深入大中地区欣赏两千多年前强大的西汉王朝所留下的历史遗迹，古汉台和张良庙都会让你怀古的心中涌起一种自豪之情。当然，美丽的天台山和太白山也会与你邂逅。

行程安排：D1从西安市前往佛坪县参观佛坪自然保护区，后赴和汉中南湖景区，夜宿汉中市。D2前往汉中市参观古汉台和汉中南湖景区，夜宿汉中市。D3游览留坝县参观张良庙，后前宝鸡市，参观炎帝祠、神农祠，夜宿宝鸡市。D4游览太白山景区，夜宿景区。D5继续游览太白山。后到法门寺参观。D6前往岐山县游览五丈原诸葛亮庙和姜子牙钓鱼台景区。

兵马俑

华清池

大雁塔

法门寺

黄河壶口瀑布

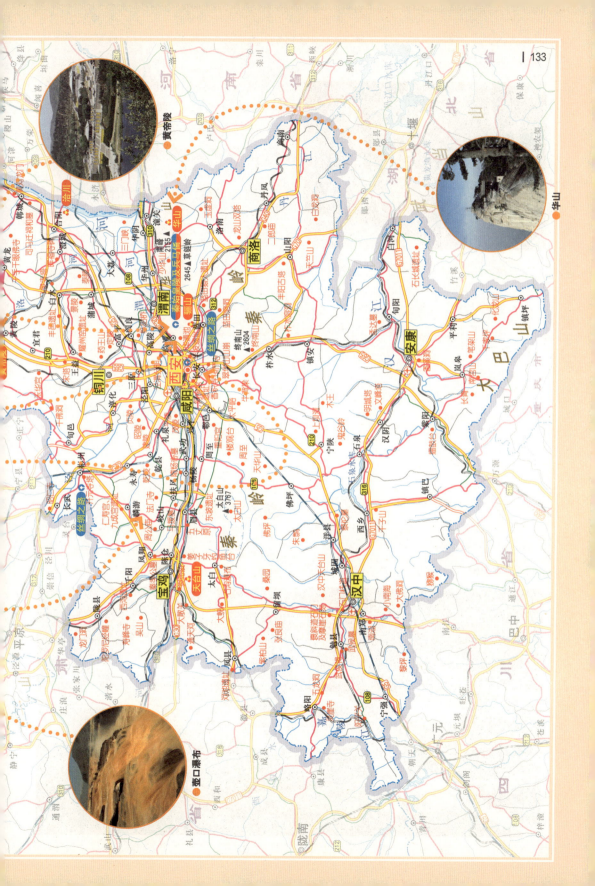

■**秦始皇陵兵马俑博物馆和铜车马馆**：位于临潼东5千米处。展品建于公元前246年，占地20000平方米，内有武士俑8000尊、战马雕塑600匹、兵车125辆，被誉为"20世纪最壮观的考古发现"、"世界第八奇迹"。

■**法门寺**：位于宝鸡市扶风县城北。因存有流传千年的佛指舍利而闻名天下，被誉为"关中塔庙祖"。法门寺始建于东汉末年，如今包括真身舍利塔、大雄宝殿、地宫以及法门寺博物馆（珍宝馆）等四大部分。

■**半坡遗址**：位于西安东郊，浐河东岸半坡村北，为6000年前的原始社会母系氏族公社村落遗址。1958年建成博物馆，为研究母系社会的珍贵资料。

■**黄帝陵**：位于延安市黄陵县城东关桥山之巅的中华民族始祖轩辕黄帝陵园，为中华儿女祭祖的圣地。陵园内有汉武仙台，为当年汉武帝祭奠黄帝时祈仙求神处。桥山下有轩辕庙，庙内一株巨柏相传为黄帝亲手所植，是我国最古老、最大的一株柏树。

■**壶口瀑布**：位于延安市宜川县，我国第二大瀑布，素有"金瀑"之美誉。当黄河流至壶口一带时，两岸苍山夹峙，把黄河水约束在狭窄的黄河峡谷中，河水聚拢，收束为一股，奔腾呼啸，跃入深潭，溅起浪涛翻滚，形似巨壶内黄水沸腾。

─ **特色产品** ─

手工艺品有仿唐三彩、西安香包、刺绣、扎染、烙花筷、青花瓷碗等。西凤酒、白水杜康酒历史悠久。旅游产品有穿罗绣"半坡姑娘"装饰绣片、仿陕西出土文物秦将军俑、仿出土文物丝绸之路唐三彩望驼、陕西皮影。风味食品有西安辣椒干、长安板栗、水晶饼、鲜花饼、西安驴肉干、羊肉泡馍、榆林豆腐等。主要药材有陕西党参、天麻。

─ **风味美食** ─

西安是"面食天下"，其食物具有浓郁的西北风情，有腊汁肉夹馍、biángbiáng面、羊肉泡馍、凉皮、岐山面、饺子宴等陕西名吃。

甘肃

-人文历史-

甘肃省简称甘或陇。地处我国西北地区，黄河上游。东接宁夏、陕西，南邻四川，西和西南连青海、新疆，北与内蒙古自治区和蒙古国接壤。全省面积约43万平方千米。人口2783万，有汉、回、藏、东乡、裕固、保安、蒙古、哈萨克、土、撒拉、满等民族，是我国多民族省区之一。省辖12个地级市、2个自治州、5个县级市、57个县、7个自治县及17个市辖区。省会兰州市。

春秋战国时为羌、月氏、乌孙地。秦置陇西、北地2郡，西部属月氏。汉为凉州。唐设甘、肃、沙、兰、凉等州。元置甘肃行省，取甘州、肃州首字得名。明属陕西布政使司。清析置甘肃省。汉朝开拓了"丝绸之路"，成为中西经济文化交流的重要通道，隋唐时成为全国最富庶的地区之一。

-地理地形-

地形狭长，地势西北高而东南低，处于黄土高原、内蒙古高原与青藏高原交会地区。其东部为黄土高原，西部以半荒漠和荒漠为主。省内山岭重叠，沟壑纵横，山地和高原占全省总面积的70%以上，西北部有大片沙漠和戈壁分布。另外，还有丘陵、盆地、河谷平原等多种地貌类形。主要山脉有阿尔金山、祁连山、冷龙岭、乌鞘岭等。主要河流有黑河、疏勒河、黄河及其支流，长江的支流。

-交通概览-

铁路：有陇海、包兰、兰青、兰新等4条以兰州为枢纽的铁路干线。

公路：建成甘新、红当、甘川等干线公路。以兰州为中心形成了公路网，通达省内大多数乡镇。有兰州至西宁高速公路，连霍高速连接主要地级城市，已大部分通车。

民航：有兰州、嘉峪关、敦煌、天水等机场，可通国内30多个城市。

水运：内河航运不便。除刘家峡水库区可通行机动船外，白龙江碧口以下可通木船。

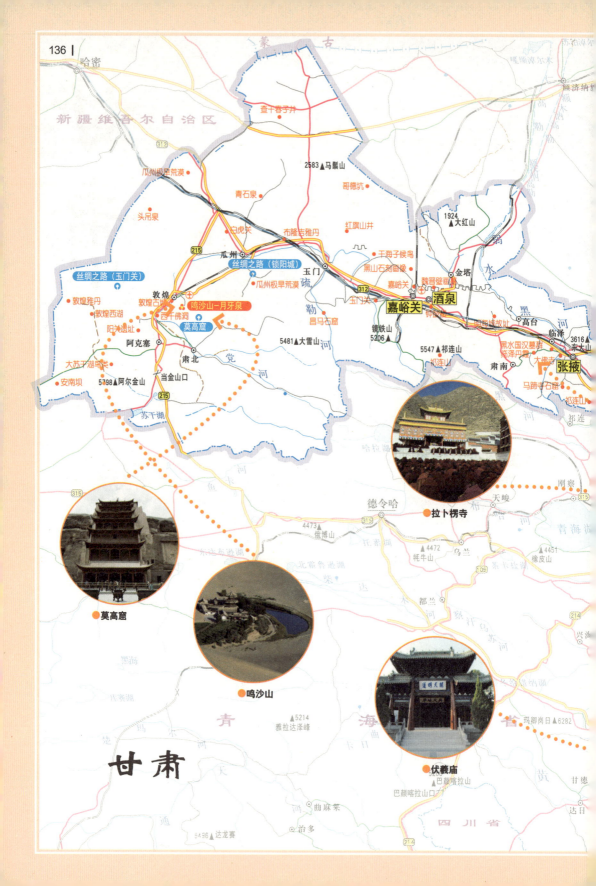

新疆维吾尔自治区

2583▲马鬃山

哥德坑

查干春子井

瓜州极旱荒漠

青石泉

头吊泉

白虎关

市隆吉雅丹

215

瓜州

丝绸之路（锁阳城）

玉门

1924
▲大红山

红旗山井

千海子候鸟

黑山石刻画像

金塔

丝绸之路（玉门关）

敦煌

瓜州极旱荒漠

疏

魏晋壁画群

嘉峪关

敦煌古城

鸣沙山-月牙泉

西千佛洞

莫高窟

玉门关

勒

昌马石窟

嘉峪关

酒泉

镜铁山
5206▲

汉酒城故址

高台

临泽

黑

河

3616
▲东大山

敦煌雅丹

敦煌西湖

阳关遗址

阿克塞

肃北

5481▲大雪山

河

5547▲祁连山

祁连山

肃南

黑水国汉墓群
临泽丹霞

大佛寺

张掖

马蹄寺石窟

祁连山

大苏干湖

安南坝

5798▲阿尔金山

当金山口

215

苏干湖

河

党

河

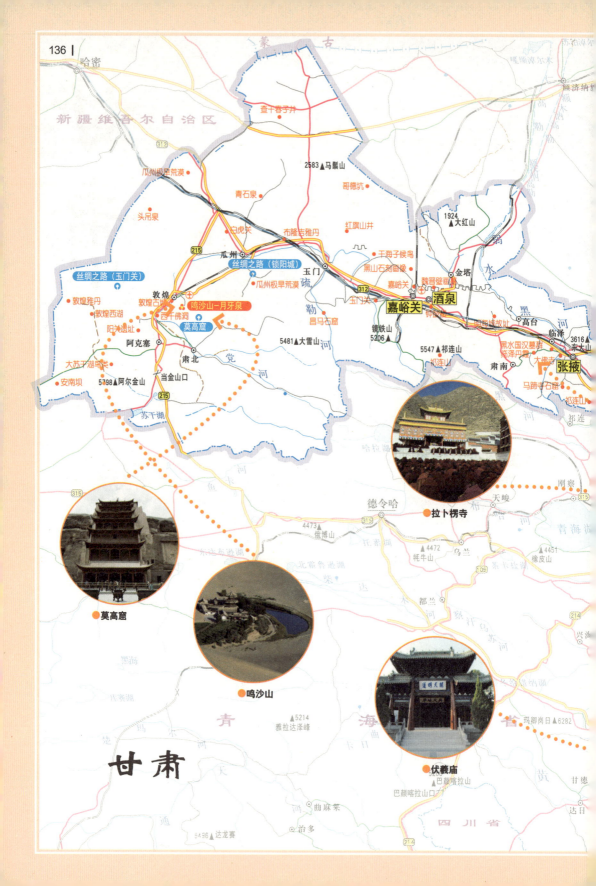
● 拉卜楞寺

鱼卡

河

德令哈

315

4473
▲锡博山

怒牛山
▲4472

乌兰

4451
▲橡皮山

青海省

● 莫高窟

● 鸣沙山

北霍鲁逊湖

柴

达

木

河

都兰

天峻

刚察

315

● 伏羲庙

玛卿岗日▲6282

甘肃

青

海

▲5214
雅拉达泽峰

省

● 喀喇拉山

巴颜喀拉山口

214

兴海

曲

黄

河

甘德

达日

5436▲达龙赛

治多

曲麻莱

四川省

214

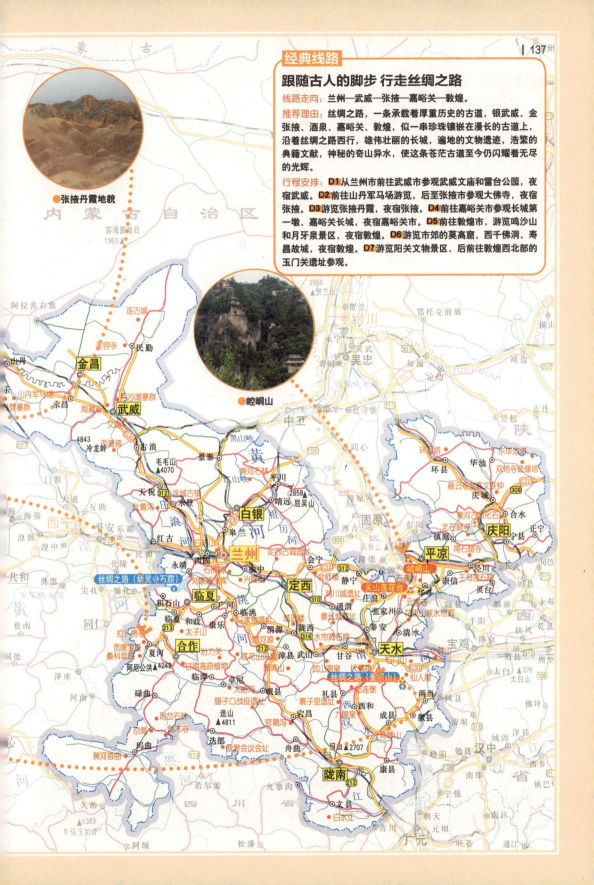

经典线路

跟随古人的脚步 行走丝绸之路

线路走向： 兰州—武威—张掖—嘉峪关—敦煌。

推荐理由： 丝绸之路，一条承载着厚重历史的古道，银武威、金张掖、酒泉、嘉峪关、敦煌，似一串珍珠镶嵌在漫长的古道上，沿着丝绸之路西行，雄伟壮丽的长城，遍地的文物遗迹，浩繁的典籍文献，神秘的奇山异水，使这条苍茫古道至今仍闪耀着无尽的光辉。

行程安排： **D1** 从兰州市前往武威市参观武威文庙和雷台公园，夜宿武威。**D2** 前往山丹军马场游览，后至张掖市参观大佛寺，夜宿张掖。**D3** 游览张掖丹霞，夜宿张掖。**D4** 前往嘉峪关市参观长城第一墩、嘉峪关长城，夜宿嘉峪关市。**D5** 前往敦煌市，游览鸣沙山和月牙泉景区，夜宿敦煌。**D6** 游览市郊的莫高窟、西千佛洞、寿昌故城，夜宿敦煌。**D7** 游览阳关文物景区，后前往敦煌西北部的玉门关遗址参观。

● 张掖丹霞地貌

● 崆峒山

─风景名胜─

驰名中外的"丝绸之路"贯穿东西，留下许多著名历史人物的足迹和丰富多采的文物名胜。国家重点风景名胜区为麦积山、崆峒山、鸣沙山—月牙泉。敦煌莫高窟列入世界遗产名录。永靖炳灵寺石窟、安西榆林石窟、武山水帘洞石窟、庆阳北石窟寺、夏河拉卜楞寺、张掖大佛寺、武威海藏寺，天水南郭寺和伏羲庙、兰州白塔寺为知名旅游景点。

敦煌莫高窟： 位于敦煌东南25千米的鸣沙山东麓断崖上。创作年代自前秦建元二年（公元366年）至元代。现存石窟492座，彩塑2415尊，壁画45000余平方米，突出展现了中国佛教艺术发展史和丰富形象的社会历史。

炳灵寺石窟： 位于兰州西南120千米，刘家峡水库上游的小积石山峭壁上。寺内有西秦至清代约1500多年间的窟龛183个、石雕像694身、泥塑像82尊，另有壁画900多平方米。

鸣沙山： 位于敦煌市南约5千米，山体由细黄沙积聚而成，起风时，沙山会发出巨大的响声，鸣沙山也因而得名。在鸣沙山环抱中的月牙泉形似弯月，泉水清凉澄明，经千年而不干枯。

麦积山： 位于天水市东南方50千米处，是西秦岭山脉小陇山中的一座孤峰。麦积山风景名胜区总面积215平方千米，包括中国四大石窟之一的麦积山石窟，兼具北方的雄奇和南方的秀丽的仙人崖，有"小黄山"之称的石门山，保留着许多古代秦州风格古民居的街亭古镇。

拉卜楞寺： 位于甘南夏河县，始建于清康熙年间，是黄教六大寺院之一，也是世界最大的喇嘛教学府，其规模仅次于布达拉宫。寺内珍藏文物数万件，2.9万多尊大小佛像，6万余册各类经卷，壁画、堆绣、卷轴画及奇珍异宝更是数不胜数。

─特色产品─

白兰瓜、兰州百合、黑瓜子、蕨菜，以及当归、党参、黄芪等中药材，都是具有地方特色的名产。酒泉夜光杯、洮砚、兰州水烟、黄河卵石雕刻和雕刻葫芦等工艺品久负盛名。甘肃彩陶、仿武威墓出土的铜飞马、洮河绿石大砚被评为地方优秀旅游产品。

─风味美食─

兰州牛肉拉面、浆水面、高三酱肉、高担酿皮、酿百合、水晶饼、拔丝洋芋、拔丝白兰瓜为主要风味。

青海

─ 人文历史 ─

青海省简称青。地处我国西北部，青藏高原东北部。东北邻甘肃，东南接四川，西南与西藏毗连，西北与新疆相邻。全省面积72万余平方千米。人口587万，有汉、藏、回、土、撒拉、蒙古、哈萨克等民族。省辖2个地级市、6个自治州、5个县级市、25个县、7个自治县及7个市辖区。省会西宁市。

古为西戎地。汉置金城、西海2郡，余为羌地。隋置西海、河源等4郡。唐、宋设州，余为吐蕃地。元为宣政院辖地。明属朵甘都司。清代为青海办事大臣辖区，东北部属甘肃省西宁府，北为青海蒙古部，南为玉树等土司地。1929年1月设青海省。

─ 地理地形 ─

本省是青藏高原一部分，地势高峻，与西藏同称为"世界屋脊"，全省平均海拔3000米以上，地势西高东低。主要山脉：南有唐古拉山；西北有阿尔金山；东北部为祁连山；昆仑山横贯中部，其支脉阿尔喀山主峰布喀达坂峰海拔6860米，为本省最高峰。有柴达木盆地、青海湖盆地、共和盆地、可可西里盆地、哈拉湖盆地等。其中，柴达木盆是我国第三大内陆盆地。河、湖众多，其中淡水湖151个，咸水湖85个，盐湖30个。我国大河长江、黄河、澜沧江均源于本省，较大的河流还有湟水、大通河、扎曲、黑河、通天河、疏勒河、柴达木河。主要湖泊有青海湖、哈拉湖、扎陵湖、鄂陵湖、达布逊湖、察尔汗盐湖、可可西里湖、茶卡盐湖、托素湖等。其中青海湖为我国最大的咸水湖。

─ 交通概览 ─

铁路：兰青线入境，支线通往大通、柴达尔、茶卡、格尔木，青藏铁路格拉段东起青海格尔木，西至西藏拉萨。

公路：以西宁为中心，以青藏、青新、青川等通达省内外的辐射线为骨干，形成伸向广大农村、厂矿的交通网。

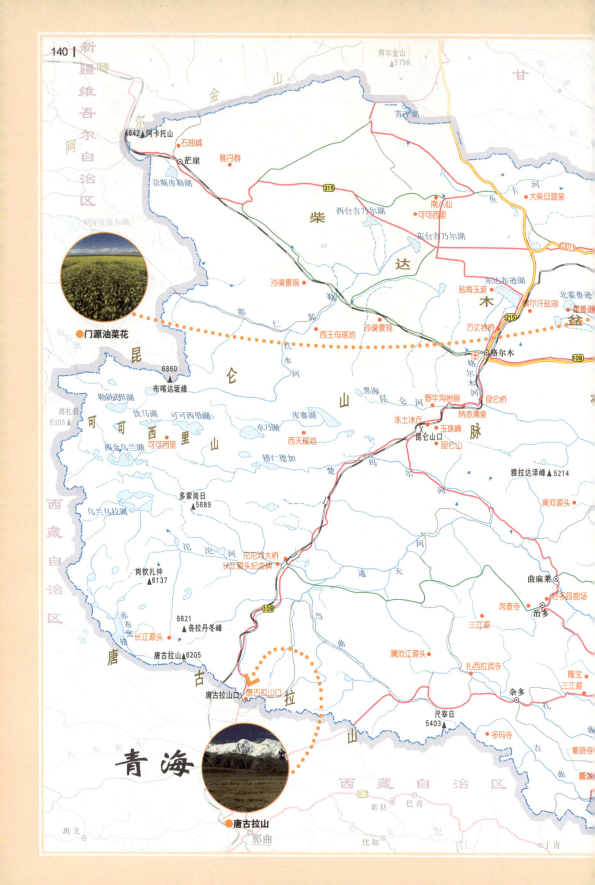

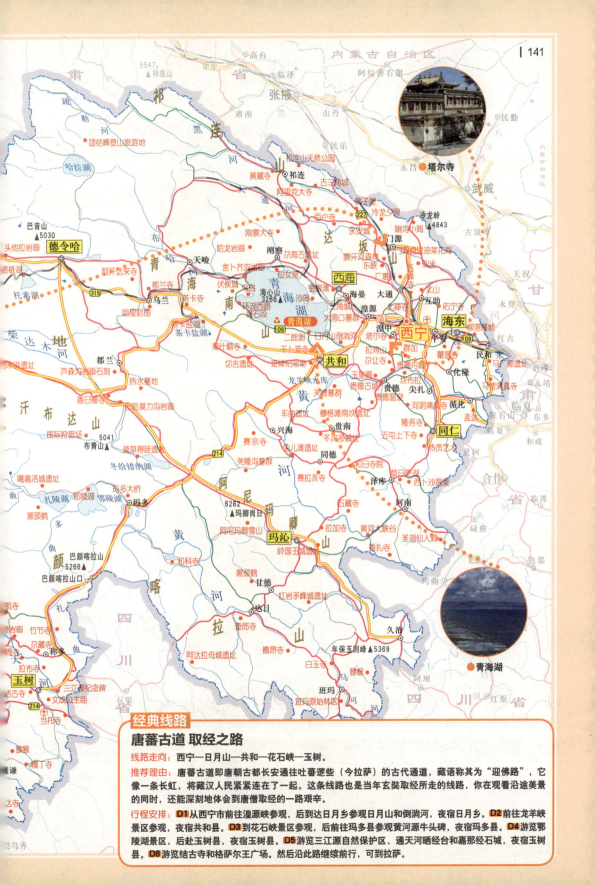

塔尔寺

青海湖

经典线路

唐蕃古道 取经之路

线路走向： 西宁—日月山—共和—花石峡—玉树。

推荐理由： 唐蕃古道即唐朝古都长安通往吐蕃逻些（今拉萨）的古代通道，藏语称其为"迎佛路"，它像一条长虹，将藏汉人民紧紧连在了一起。这条线路也是当年玄奘取经所走的线路，你在观看沿途美景的同时，还能深刻地体会到唐僧取经的一路艰辛。

行程安排： D1 从西宁市前往湟源峡参观，后到达日月乡参观日月山和倒淌河，夜宿日月乡。D2 前往龙羊峡景区参观，夜宿共和县。D3 到花石峡景区参观，后前往玛多县参观黄河源牛头碑，夜宿玛多县。D4 游览鄂陵湖景区，后赴玉树县，夜宿玉树县。D5 游览三江源自然保护区、通天河晒经台和嘉那经石城，夜宿玉树县。D6 游览结古寺和格萨尔王广场。然后沿此路继续前行，可到拉萨。

民航：有西宁、格尔木机场，开辟了西宁至北京、成都、重庆、敦煌、广州、昆明、拉萨、上海、深圳、乌鲁木齐、西安等10多条航线。

风景名胜

由于地处高原，少数民族多，旅游业独具一格。莽莽昆仑、风雪祁连以及黄河、湟水河谷等名山大川，冰川秀丽，峻岭连绵，是登山科考的理想之地。青海湖为国家重点风景名胜区。主要名胜古迹还有塔尔寺、清真大寺等。

青海湖鸟岛：青海湖面积4583平方千米，湖面海拔3000多米，是我国最大最高的内陆咸水湖。鸟岛在湖的西北部，面积仅0.8平方千米。每年5月至冬季来临以前，从东南亚、印度、巴基斯坦和我国南方飞来的斑头雁、天鹅、鱼鸥、棕头鸥、鸬鹚、秋沙鸭等10多种、10多万只鸟栖息岛上，营巢孵雏，蔚为壮观，是我国特有的自然保护区。

塔尔寺：位于西宁西南25千米的湟中县鲁沙尔镇、莲花山山坳。是我国喇嘛教中黄教的6大寺院之一。该寺于1560年依山而建，占地12公顷，由大金瓦寺、大经堂、如意宝塔组成，组成了汉藏结合的完整建筑群。

清真大寺：位于西宁市东关。是我国西北最大的清真寺之一。该寺始建于明洪武年间，1914年重建，总面积11940平方米，具有我国古典宫殿建筑特点和独特的民族风格。

茶卡盐湖：茶卡藏语意为"盐海之滨"。盐湖总面积105平方千米，是柴达木盆地有名的天然结晶盐湖。盐粒晶大质纯，盐味醇香。茶卡湖内的盐几乎无穷无尽，因为雨水会将更多的盐从周围的山上带下来。

特色产品

特产旱獭皮、毛毪氇、黑紫羔皮、彩绘天鹅蛋、仿塔尔寺金钟瓷缸、藏刀等；药材有大黄、甘草、水母、雪莲、党参、紫花、杜鹃、枸杞等；青海湖的无鳞湟鱼很有名气。

风味美食

西宁美食口味偏咸，民族特色的地方风味小吃有手抓羊肉、酸奶、酿皮、狗浇尿、尜面片、酥油糌粑、甜醅等。

宁夏

人文历史

宁夏回族自治区简称宁。地处我国西北地区东部，黄河中游。与陕西、甘肃、内蒙古等省区为邻。全区面积6.6万余平方千米。人口684万，有回、汉、满等民族。自治区辖5个地级市、2个县级市、11个县及9个市辖区。首府银川市。

秦代属北地郡。汉属朔方刺史部。宋为西夏和秦凤路地。元置宁夏府路。明置陕西布政使司宁夏卫、宁夏中卫等。清置甘肃省宁夏府等。1929年置宁夏省。1958年成立宁夏回族自治区。

地理地形

以山地、高原为主，地跨黄土高原和内蒙古高原，海拔1000米以上。地势南高北低，按自然地理分为西北部沙漠区、东部黄灌区、南部黄土丘陵区。主要山脉有六盘山、贺兰山、牛首山，其中贺兰山脉是银川平原的天然

屏障，其山脊又是我国内外流域的分界，海拔3556米的主峰为本区最高点。山地丘陵占全区面积的54%，平原沙漠占46%。有银川平原、卫宁平原、清水河河谷平原、黄土丘陵，其中银川平原农业发达，为我国西北地区重要粮食基地，向有"塞外江南"和"塞上谷仓"的美称。主要河流有黄河、清水河、苦水河、泾河、茹河、葫芦河。

交通概览

铁路：包兰线由西南方向出境与兰新、兰青、陇海等铁路相连；宝中铁路与陇海线相接，连通陕、甘、宁三省区。铁路支线有平汝、甘武、银新及大古线。

公路：以包兰、西兰、宜兰、银平等线为骨架，实现乡镇通公路。有银川至石嘴山、盐池、中宁的高速公路。

民航：有银川至西安、太原、北京、兰州、包头等10多条航线。

宁夏回族自治区

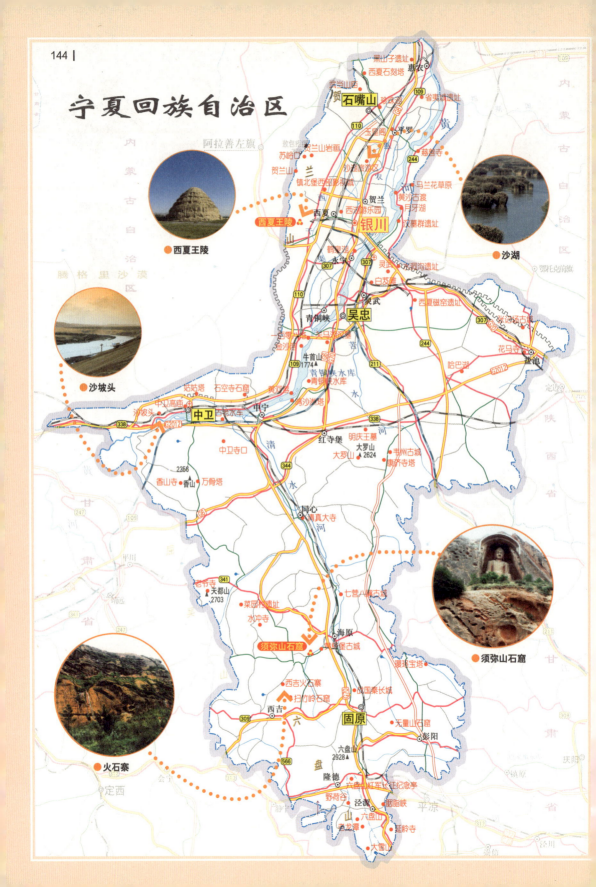

西夏王陵

沙湖

沙坡头

须弥山石窟

火石寨

石嘴山

西夏王陵

银川

吴忠

中卫

红寺堡

同心

海原

西吉

固原

隆德

阿拉善左旗

内蒙古自治区

腾格里沙漠区

黑山子遗址
西夏石刻塔
惠农
省嵬城遗址
黄渠山庙
玉皇阁
平罗
慈善寺
贺兰山岩画
沙湖旅游区
马兰花草原
苏峪口
黄沙古渡
贺兰山
月牙湖
镇北堡西部影视城
汉墓群遗址
西夏
西湖游乐园
鹤泉湖
永宁
白芨滩
灵武
水洞沟遗址
西夏磁窑遗址
水洞沟古城
花马寺
盐池
青铜峡
牛首山 1774
金沙湾
哈巴湖
青铜峡水库
青铜峡水库
姑姑塔
石空寺石窟
黄河楼
中卫高庙
沙坡头
古老水车
中宁
鸣沙洲塔
中卫寺口
明庆王墓
大罗山
大罗山 2624
韦州古城
康济寺塔
2366
香山寺 香山
万骨塔
清
水
河
清水河
蒲真大寺
老爷寺
天都山 2703
菜园村遗址
七营八喜古城
水冲寺
须弥山石窟
菜园堡古城
凄滟宝塔
西吉火石寨
扫竹岭石窟
无量山石窟
彭阳
战国秦长城
六盘山 2928
六盘山红军长征纪念亭
野荷谷
胭脂峡
泾源
君龙潭
延龄寺
大营
内蒙古自治区

黄河

甘肃省

陕西省

-风景名胜-

西夏王陵为国家重点风景名胜区。海宝塔、一百零八塔、须弥山石窟、中卫高庙等为知名景点，全区清真寺有1800多座。

西夏王陵：位于贺兰山东麓，银川西30千米处。在50平方千米的地域内，有西夏历代帝王陵九座，陪葬墓200余座，规模宏伟，被称为中国的金字塔。

海宝塔：位于银川市区，始建年代不详，据记载5世纪初重建。塔高54米，为楼阁式9层11级砖砌方塔，而侧面呈"亚"字形，造形挺拔，棱角分明，为全国所少见。旧为宁夏八景之一。

一百零八塔：位于黄河青铜峡口西岸山坡。108座白塔，依山势自上而下按1、3、3、5、5、7、9、11、13、15、17、19奇数排列为12行，形成等边三角形，为中国现存唯一的大型古塔群。塔形类尼泊尔式，塔基下曾出土西夏文题记，据此推断为西夏所建。

须弥山石窟：位于固原市须弥山东麓，始创于北魏，历代增建。原有百余石窟，分布于五个山崖上，现存20余窟。从中可探寻中国佛教艺术的发展线索。

承天寺塔：位于银川旧城西南角，始建于1050年，1820年重建，系八角形楼阁式砖塔。塔高64.5米，共11层，挺拔秀丽。

-特色产品-

贺兰砚、鼻烟壶、银川栽绒毯、贺兰石刻，为地方优秀旅游产品。枸杞、甘草、贺兰石、滩羊皮、黄河鲤鱼、鸽子鱼、暖泉西瓜、芦花台苹果、玉皂李等特产很有名气。

-风味美食-

银川美食以回民的清真餐为主，最有名的当数手抓羊肉，其他还有清蒸羊羔肉、酿皮、大盘鸡等。中卫饮食以面食为主，滚粉泡芋头、漩粉凉菜、硬面干烙子都是响当当的小吃，清蒸鸽子鱼是本地的招牌美食。

新疆

阿勒泰

塔城
克拉玛依
准噶尔盆地
古尔班通古特沙漠
赛里木湖
博乐
伊宁
昌吉 天山
乌鲁木齐 博格达峰
6445
天山天池
汗腾格里峰
▲6995
丝绸之路
丝绸之路
天山托木尔大峡谷
罗布人村寨
阿克苏
库尔勒
博斯腾湖
库木塔格沙漠
3962▲
哈密
吐鲁番盆地
4886

喀什
阿图什
公格尔山
▲7649
慕士塔格山
▲7509

塔 里 木 河
塔里木盆地
塔克拉玛干沙漠

和田
8611▲
乔戈里峰
8080
▲6638
乌孜塔格
▲6254
木孜塔格峰
6973▲

─人文历史─

　　新疆维吾尔自治区简称新。地处我国西北边陲。与蒙古、俄罗斯、哈萨克斯坦、吉尔吉斯斯坦、塔吉克斯坦、阿富汗、巴基斯坦、印度等国为邻，与甘肃、青海、西藏接壤。全区面积166万余平方千米，居全国各省区之首。人口2283万，有维吾尔、汉、哈萨克、回、柯尔克孜、蒙古、俄罗斯、锡伯、塔吉克、乌孜别克、塔塔尔、达斡尔、满等民族。自治区辖4个地级市、5个自治州、5个地区、28个县级市、60个县、6个自治县及13个市辖区。首府乌鲁木齐市。

　　古称西域。汉时属西域都护府。唐设北庭、安西2都护府。宋为西辽地。清光绪十年（1884年）置新疆省。1955年10月成立新疆维吾尔自治区。

─地理地形─

　　境内高山环绕，山盆相间。主要山脉：南和西南有帕米尔高原、喀喇昆仑山、昆仑山和阿尔金山，北及东北分别为阿尔泰山和北塔山，中部有天山横贯，高峰终年积雪，多冰川。喀喇昆仑山的乔戈里峰海拔8611米，为本区最高峰。以天山为界将全境分为南疆和北疆，北有准噶尔盆地，南有塔里木盆地。哈密和吐鲁番盆地一带又称东疆。此外，还有焉耆、拜城等盆地。面积约53万平方千米的塔里木盆地是我国最大的盆地，中央的塔克拉玛干沙漠是我国最大、世界第二大沙漠。河流有额尔齐斯河、塔里木河、伊犁河、乌伦古河、玛纳斯河、开都河、阿克苏河、叶尔羌河、和田河等，塔里木河为我国第一大内流河，全长2700多千米。著名湖泊有天池、博斯腾湖、罗布泊等，海拔－155米的艾丁湖，为我国海拔最低的湖泊。

－交通概览－

铁路：以兰新线为主干，与包兰、陇海线相接，可直达首都和黄海之滨；南疆铁路从乌鲁木齐穿越天山，经库尔勒到喀什；北疆铁路由乌鲁木齐—乌苏四棵树—阿拉山口与哈萨克斯坦铁路接轨，贯通我国联接欧亚的第二条大陆桥。

公路：以甘新、青新、新藏等公路为干线，乌鲁木齐为中心，联系全区各县市。连霍高速、高速公路已通车至奎屯。

民航：有乌鲁木齐、喀什、伊宁、阿勒泰、库尔勒、且末、阿克苏、和田、塔城等机场，可达国内40个城市，国际航线可达莫斯科、阿拉木图、比什凯克、伊斯兰堡、新西伯利亚、沙迦、塔什干、叶卡捷琳堡（斯维尔德洛夫斯克）等。

－风景名胜－

具有奇特的自然景观、突出的文物古迹，以及绚丽多采的民族风情。天山天池、库木塔格沙漠、博斯腾湖、赛里木湖为国家重点风景名胜区。阿斯塔娜古墓、千佛洞、高昌故城、交河故城、额敏塔、火焰山、少数民族风情陈列馆、红山和南山牧场、新疆历史博物馆、艾提尕清真寺、葡萄沟为知名景点。

天山天池：位于阜康市，在海拔5445米的天山博格达峰山腰，属第四纪冰渍湖。湖面海拔1980米，面积4.9平方千米，水碧如翠，群峰环抱，云杉、塔松遍山，雪峰绿水相映。夏宜避暑，冬为优良冰雪运动场。

博斯腾湖：位于天山东段南坡焉耆盆地东南侧最低洼处，是新疆最大的湖泊，也是我国最大的内陆淡水湖。东西长约55千米，南北宽约25千米，面积为1150平方千米。

交河故城：位于吐鲁番市以西约13千米的亚尔乡，是古代西域三十六城郭诸国之一的车师前国都城，现存遗址均属唐代时期建筑群落，是目前世界上最大、保存最好的生土建筑遗址。

乌尔禾魔鬼城：位于克拉玛依市东北

新疆维吾尔自治区

经典线路

探寻大漠古城 南疆沙漠大环线游

线路走向： 乌鲁木齐—博斯腾湖—库车—喀什—和田—民丰—塔中—库尔勒—乌鲁木齐。

推荐理由： 当你踏上这条线路的征程时，你的心中肯定会涌起一种苍凉和悲壮，当年辉煌灿烂的西域古城如今都被黄沙湮没，剩下的都是断壁残垣，但恰恰是这种残缺让你觉得它的真实，让你有了更大的想象空间。

行程安排： **D1** 从乌鲁木齐前往博湖县游览博斯腾湖，夜宿博湖县。**D2** 前往轮台县参观轮台胡杨林，夜宿轮台县。**D3** 前往库车县参观附近的天山大峡谷和苏八什古城，夜宿库车县。**D4** 参观库车清真大寺、克孜尔尕哈千佛洞、盐水沟和龟兹故城遗址，夜宿库车县。**D5** 参观库车王府，后前往喀什市，夜宿喀什市。**D6** 参观香妃墓和艾提尕尔清真寺，后前往叶城县，夜宿叶城县。**D7** 前往和田市参观英尔力克水库和和田大巴扎，夜宿和田市。**D8** 前往民丰县参观境内的尼雅遗址，夜宿民丰县。**D9—10** 走沙漠公路到库尔勒，返回乌鲁木齐。

● 喀纳斯

● 乌尔禾魔鬼城

● 巴音布鲁克天鹅湖

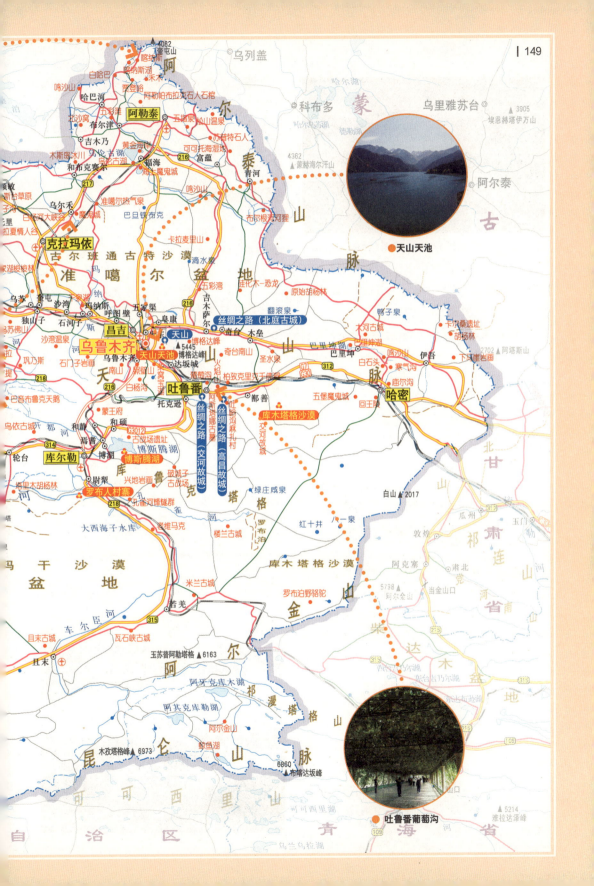

天山天池

吐鲁番葡萄沟

部，魔鬼城风蚀地貌独特，形状怪异，深入到风城之中，会感觉它非凡的恐怖。许多电影都把魔鬼城当作了外景地，比如奥斯卡大奖影片《卧虎藏龙》。

■ **赛里木湖**：位于博尔塔拉州博乐市区西南部90余千米处，是新疆最大的高山湖泊，呈卵圆形。湖周群山环绕，天水相映，湖边分布着广阔的草原和层层叠叠的云杉林，牛羊如云、牧歌悠悠、毡房点点，构成一幅充满诗情画意的古丝路画卷。

■ **那拉提草原**：位于伊犁州新源县那拉提镇，自古以来就是著名的牧场，河谷、山峰、深峡、森林交相辉映，主要景点有周围草原、赛马场等。因为草原上多鹿，故有"鹿苑"之称。

■ **库尔德宁**：位于伊犁州巩留县东部山区，是世界自然文化遗产，四面环山，河水流贯，山水相映，沟岭交错，拥有国内最大的原始云杉林。主要景观有荷苍隘口，荷苍峡谷瀑布，提克喀拉尕依林海，喀班巴腑峰远眺，草原落日，林海日出等。

■ **喀纳斯湖**：位于阿勒泰地区布尔津县阿尔泰山中段，是一座呈弯月形的淡水湖，风景四季不同，随气候变化而气象万千，被誉为"世界上最美丽的湖泊"。景区内自然生态景观和人文景观始终保持着原始风貌而被誉为"人间净土"。湖下游的喀纳斯河有着世界上最美的河湾。

■ **艾提尕尔清真寺**：位于喀什市中心的大清真寺始建于明正统七年（1442年），是全疆乃至全国最大的一座伊斯兰教礼拜寺，大寺规制严整雄伟，是一个有着浓郁民族风格和宗教色彩的伊斯兰教古建筑群。

特色产品

盛产哈密瓜、葡萄、西瓜、库尔勒香梨、伊宁苹果、喀什巴旦杏以及哈密瓜干、无核白葡萄干。哈密瓜甜脆多汁，细腻甘美，素称"瓜中之王"。马鹿茸，以枝大质嫩，被列为上品。甘草和贝母也有名。烤全羊是维吾尔族招待贵宾的名菜，烤羊肉串、油塔子、凉皮是特色浓郁的新疆风味。新疆地毯、维族小花帽、小刀、乐器（热瓦甫、手鼓、鹰笛等）、玉器为传统手工艺品。

风味美食

乌鲁木齐饮食很丰富，从维吾尔族的抓饭到回族的揪片，从蒙古族的手抓肉到俄罗斯族的奶制品等。乌鲁木齐主要以肉食为主，有肉馕、芝麻馕、油馕等制作方法不同的各种口味。哈密有哈密瓜荤素大菜系列、羊肉焖饼子和野菜系列（蘑菇、椒蒿、沙葱）等西域风味传统食品。喀什的风味小吃做工精细，营养丰富，有烤全羊、烤羊肉串、馕坑烤肉、烤包子、抓饭、拉面、烤鱼、灌面肺和灌米肠等。

香港

—人文历史—

香港特别行政区简称港。地处珠江口东侧。东南濒南海,北隔深圳河与广东省为邻,西与澳门相望。行政区域由香港岛、九龙、新界及其海域组成。陆地总面积约1104平方千米。人口718.8万,5%为外籍居民。特别行政区政府驻香港岛。

香港自古是中国领土,1840年鸦片战争以后被英国占领。根据1984年12月19日中英两国政府关于香港问题的联合声明,中华人民共和国政府已于1997年7月1日恢复对香港行使主权,正式设立了香港特别行政区,成为中央人民政府直辖的享有高度自治权的地方行政区域。

—地理地形—

本区属岭南丘陵的延伸部分,地质环境与广东省东南沿海地区相似,多石山、岩岛和港湾,平地少,有铁、钨、锡矿。新界的大帽山海拔957米,为境内最高峰。大屿山是境内最大的岛屿,次为香港岛,北隔海峡与九龙半岛相对,其间维多利亚港是世界三大天然良港之一。城门、锦田、元朗等河流短小,北部有船湾淡水湖,东部有万宜水库及大小水塘。全区属亚热带海洋性气候,春温多雾,夏热多雨,秋日晴和,冬微干冷。年平均气温22.8℃,其中1月15.8℃,7月28.8℃。年平均降水量2214毫米。台风为主要自然灾害,沿海有港岛、西贡、大屿山三大浪湾,维多利亚港建有14个避风塘。

维多利亚港湾

南 海

南 海

大 平 洲

鹏 湾

塔门

赤洲

吉澳

鸭洲

娥眉洲

桂山洲

大浪湾

短咀

大湾泳场

大浪咀

企角嘴

浪茄湾泳场

盐田区

洲洞

天后庙

白沙湾

西贡西郊野公园

西湾泳场

蚝涌

黄宜洲

伙头坟洲

横洲

火石洲

果洲群岛

南果洲

大炎洲

横洲口山

吊钟洲

沙塘口山

北果洲

西贡

马鞍山

西贡

清水湾泳场

青州

东龙洲

石澳泳场

桥咀

滘西

螺洲

鹏咀

宋岗

蒲台群岛

横澜岛

八仙岭郊野公园

黄毛应回归纪念塔

吐露港

沙田

望夫石

大埔

青蒲郊野公园

界

林村郊野公园

城门水塘

马骝山

大帽山郊野公园

957 大帽山

九龙

杜鹃夫人博物馆

香港仔郊野公园

大平山(太平山)

香港

552

鲤鱼门

银矿湾

南丫岛

物华

上水

荃湾

圆玄学院

荃湾

荃湾

荃湾

荃湾

港

海洋公园

跑马地赛马场

深圳

界限区

界限区

福田

元朗

青马大桥

天后庙

香港迪士尼乐园

交椅洲

周公岛

喜灵洲

坪洲

尖沙咀

深圳

天水围

妙法寺

大榄郊野公园

青马大桥

流浮山

天水围

青云寺

大榄涌水塘

东湾

长洲

观音湾泳场

长洲

张宝仔洞

宝安区

青山禅院

屯门

青松观

青山禅院

南大屿郊野公园

东龙炮台

坪洲

石鼓洲

索罟群岛

南丫岛

烂角咀

龙鼓洲

沙洲

大屿山

小磨刀

大磨刀

宝莲寺大

天坛大佛

凤凰山

934

赤

珠

角

香港国际机场

东涌

小鸦洲

大鸦洲

赤鱲角

分流角

尖沙咀

迪士尼乐园

香港

风景名胜

游览地有扯旗山（太平山）、历史博物馆及海洋公园、动植物公园和郊野公园等。

尖沙咀：是香港的主要购物区，高度繁华，一直是香港的心脏地带。高楼林立，商铺云集，其中海防城为香港最大的购物城，名品珠宝和时尚服饰让人眼花缭乱。

星光大道：是为了表彰电影巨星和幕后工作者的杰出贡献，记录香港的百年电影史。内有电影名人的手印和牌匾、电影发展里程碑等，还有国际功夫巨星李小龙的2米高铜像。

维多利亚港湾：是亚洲第一大港湾，两岸高楼林立，繁华异常，渔船、邮轮、观光船、万吨巨轮来来往往，流淌着东方明珠的热闹繁华，夜色初上，万家灯火，港口夜景堪为一绝。

海洋公园：公园分为山上、山下两部分，用登山缆车来连接。山上以海洋馆、海洋剧场、海涛馆、机动城为主，其中机动城拥有不少机动游戏，最受年轻人的欢迎，山下有花园剧场、金鱼馆、蝴蝶屋等生物馆。

香港迪士尼乐园：包括美国小镇大街、探险世界、幻想世界、明日世界四大区域，每个主题区都能给游客带来无尽的奇妙体验，尤其深受孩子们的欢迎。

特色产品

香港是世界著名的"购物天堂"，数码产品，名牌和奢侈品，化妆品，相比内地价格都要低，中环、铜锣湾、尖沙咀和旺角是最著名的购物中心，香港丰泽、CMK、百老汇、苏宁镭射是著名的电子产品商场，莎莎和卓悦则是化妆品的殿堂级连锁店，珠宝首饰推荐九龙的弥敦道。

风味美食

香港最著名的当是"港式口味"，港式海鲜、港式茶餐厅小吃、港式烧腊、港式甜品，听听就要流口水了。茶餐厅小吃以干炒牛河、猪肠粉、云吞面最为著名，甜品以蛋挞、双皮奶、菠萝包最受欢迎，上汤龙虾、蒸大闸蟹、清蒸鲍鱼仔则是港式海鲜的代表。

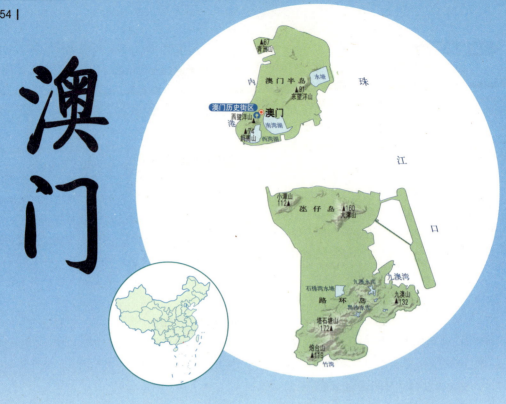

澳门

人文历史

　　澳门特别行政区简称澳。包括澳门半岛、氹仔岛和路环岛。地处南海之滨、珠江口西侧。北与广东省珠海市相邻，东隔伶仃洋与香港特别行政区相望。面积29.2平方千米。人口59.2万，97%为中国籍，其余为葡萄牙等国籍。特别行政区政府驻澳门半岛。

　　澳门自古为中国领土，原是广东省香山县（今中山市）的一个渔村。近代，清政府在鸦片战争中战败，葡萄牙于1845年宣布澳门为"殖民地自由港"；1848年驱逐中国官吏，强行占领澳门半岛，后来又相继于1851年和1864年侵占了中国的氹仔岛和路环岛。根据1987年4月13日中葡两国政府关于澳门问题的联合声明，中华人民共和国政府已于1999年12月20日恢复对澳门行使主权，设立了澳门特别行政区，成为中央人民政府直辖的享有高度自治权的地方行政区域。

地理地形

　　境内陆地古为海上小岛。因珠江口西侧泥沙大量堆积及不断填海拓地，既形成与大陆相连的澳门半岛，又使大氹、小氹两岛合成氹仔岛，面积由19世纪的10.28平方千米扩大一倍多，海拔几十米的花岗岩丘陵、台地广布。形状如靴的澳门半岛，大部由填海造成，东望洋山等山丘海拔低于100米，多人工海岸，水浅港淤；其南偏东2.5千米的氹仔岛，为本区最小一部分；氹仔岛南侧2千米的路环岛，面积最大、地势最高，海拔172米的塔石塘山为本区最高点，多天然海湾且水较深。属亚热带海洋性季风气候。年平均气温22.3℃，其中1月14.5℃，7月28.6℃。4～9月为雨季，年平均降水量2031毫米。春季多雾，夏有台风危害。

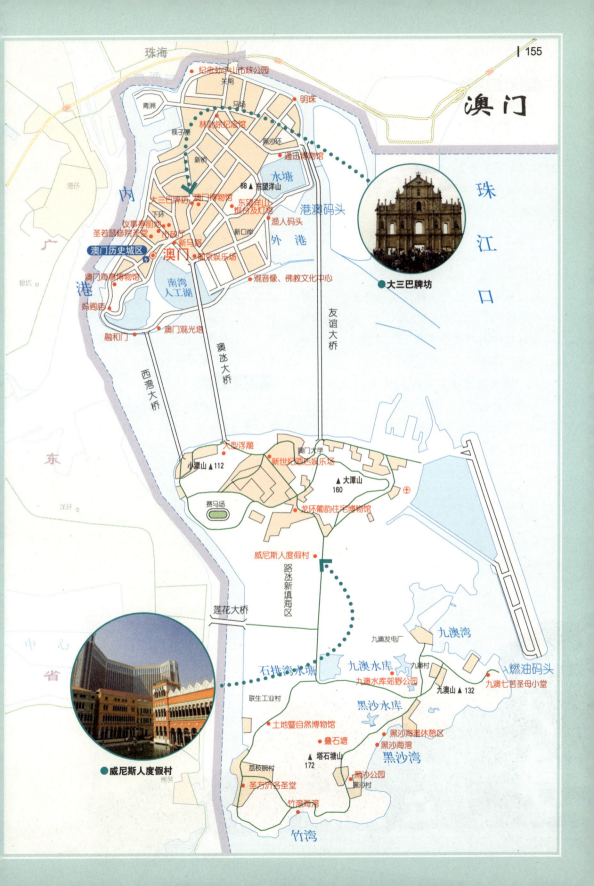

澳门

珠海

珠江口

内港

广

东

中心省

纪念孙中山市政公园
关闸
青洲
马场
明珠
筷子基
林则徐纪念馆
黑沙环
新桥
通讯博物馆
水塘
88 ▲ 东望洋山
大三巴牌坊 澳门博物馆
东望洋山
炮台及灯塔
港澳码头
议事亭前地
圣若瑟修院圣堂
市政厅
渔人码头
新口岸
新马路
外港
澳门历史城区
京娱乐场
澳门海事博物馆
南湾人工湖
观音像、佛教文化中心
妈阁庙

大三巴牌坊

融和门
澳门观光塔
澳氹大桥

西湾大桥

友谊大桥

小潭山 ▲112
大型浮雕
新世纪酒店娱乐场
澳门大学
赛马场
▲ 大潭山
160
龙环葡韵住宅博物馆

威尼斯人度假村
路氹新填海区
莲花大桥

洋环

威尼斯人度假村

九澳湾
九澳发电厂
石排湾水塘
九澳水库
九澳村
九澳山 ▲132
燃油码头
联生工业村
九澳水库郊野公园
九澳七苦圣母小堂
黑沙水库
土地暨自然博物馆
黑沙海滩休憩区
叠石塘
黑沙海湾
荔枝碗村
▲ 塔石塘山
172
黑沙公园
黑沙湾
圣方济各圣堂
黑沙村
竹湾海湾
竹湾

风景名胜

澳门历史城区列为世界文化遗产，包括8个广场空间，22处历史建筑。如妈阁庙、观音堂、大三巴牌坊、主教山、大炮台、东望洋灯塔等名胜古迹；氹仔岛有菩提园、住宅博物馆、赛马场；路环岛有黑沙湾、竹湾两驰名海滩和郊野公园。

玫瑰圣母堂： 又称板樟堂或多明我堂，是天主教的明我会教士初到澳门时设立的，至今已有400年的历史。玫瑰圣母堂供奉的花地玛圣母，为葡萄牙人崇拜的神。圣物宝库珍藏了近300件宗教艺术品，藏品种类繁多，其中名为《圣奥斯丁》的油画有三百多年的历史。

大三巴排坊： 澳门的象征之一，原为圣保禄教堂，落成于1637年，建筑糅合了欧洲文艺复兴时期与东方建筑的风格。1835年的大火吞噬了整座建筑物，只留下一堵门壁，因形似牌坊而被称为大三巴牌坊。

妈阁庙： 建于1488年，原称妈祖阁，是为纪念被信众尊奉为海上保护女神的天后娘娘而建。妈阁庙背山面海，沿崖建筑，石狮镇门，飞檐凌空，包括大殿、弘仁殿、观音阁等四座主要建筑，殿阁之间有石阶和曲径相通，是一座富有中国文化特色的古建筑。

特色产品

在澳门的几个购物街市，小店林立，种类齐全，价格便宜，完全能满足你淘宝砍价的成就感。还可以到路环氹仔的各大旅游度假村去享受出入各种免税店眼花缭乱的感觉。名牌服装、珠宝首饰、家具及古玩、葡萄酒、照相机及电子产品、高档手表应有尽有。

风味美食

澳门荟萃了东西南北的美食，传统的中国菜、澳门本土菜、葡国菜、日本菜、韩国菜和泰国菜应有尽有。最吸引人的还是当地正宗的葡国菜和各种小食店的特色小吃。著名的小吃有葡式蛋挞、猪扒包、鲜果捞、水蟹粥、非洲鸡、马介休、木糠布甸等。

台湾

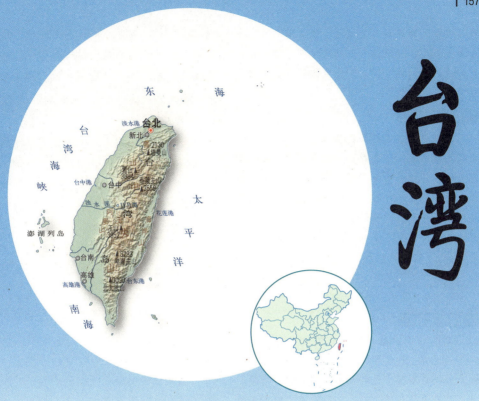

人文历史

　　台湾省简称台。地处我国东南海域。其北部临东海，南隔巴士海峡与菲律宾遥遥相望，东濒太平洋，西隔台湾海峡与福建省相望。全省由台湾岛、澎湖列岛等80余个岛屿和海域组成，陆地面积3.6万平方千米。人口356万，有汉、高山等民族。省会台北市。

　　台湾岛原为"华夏古陆"的一部分。古称夷洲。南宋属福建路。元置彭湖巡检司。明代始称台湾。1624年被荷兰殖民者侵占，1662年民族英雄郑成功收复台湾。清康熙二十二年（1683年）统一台湾，改设福建省台湾府；光绪十一年（1885年）闽、台分治，设台湾省。1895年中日战争后，台湾岛及附属岛屿、澎湖列岛被迫割让日本；1945年抗日战争胜利后归还中国，恢复台湾省。

地理地形

　　台湾岛是我国最大的岛屿，面积为3.58万平方千米。周围较大的附属岛有21个，主要分布在东南海面上，其中较大的有兰屿、绿岛（又称火烧岛）；东北部的岛屿面积不大，散布较广，以钓鱼岛最大。澎湖列岛共64个岛屿，北侧有澎湖、白沙、渔翁、吉贝屿等44个岛屿，南侧有望安、东吉、七美等20个岛屿。台湾岛多山地丘陵，约占总面积的2/3，平原约占1/3。可分为台东山地、台西平原、台中丘陵三大地形区。主要有海岸（台东）、中央、玉山、阿里、雪山等山脉，其中玉山海拔3997米，为本省及我国东部最高峰。有台南平原、屏东平原、宜兰平原、花莲平原、纵谷平原、沿海平原和台东平原以及台北、台中盆地等。其中台南平原最大，面积4550平方千米。河流有浊水溪、高屏溪、淡水河、曾文溪等，以浊水溪为最大。湖泊较少，中部的日月潭为省内最大的天然湖泊，以人工为主体的有珊瑚潭、曾文水库等。

－交通概览－

形成以公路与铁路、海上与空中相结合的交通运输网络，是我国交通运输业最发达的省份之一。其特点是密度高、路况好、公路高速化、铁路电气化、航道多、港口进出便利。铁路已形成环岛网，有纵贯铁路、台东铁路、北回铁路、南回铁路等，里程达1400千米。公路里程约3万余千米，形成了高速公路、环岛公路、横贯公路、滨海公路为主干线的公路网。有桃园、高雄国际机场和其他民航机场16处。

－风景名胜－

境内山青水绿，风景秀丽，素有"美丽宝岛"之称，清代即有"八景十二胜"之说。主要景点有中国十大风景名胜之一的日月潭，以及阿里山风景区、玉山、澄清湖、故宫博物院、五指山、八卦山、狮头山等。

■**日月潭**：位于南投县丛山中。是"台湾八景"中的绝胜，水面海拔760米，面积7.7平方千米，为全省最大的天然湖泊，也是全国闻名的高山湖泊和避暑胜地。湖中有珠仔岛，岛北为日潭，岛南为月潭，以形状近似日月而得名。

■**阿里山风景区**：位于嘉义县城以东，一般海拔3000米以下。以森林、云海、日出三大奇观为胜。森林面积达300平方千米，包括热带、温带、寒带诸多树种。一株红桧树龄达3000年，高53米，称为"神木"。大塔山断崖、塔山云海、祝山日出均著名。

■**澄清湖**：位于高雄县北。又称为大贝湖或大埤湖，是高雄第一大湖，是以人工水库为主体形成的综合游览区，澄清湖可分为水源、风景、游憩三个区域，由得月楼、丰源阁、九曲桥等组成环湖八景。

■**新北投温泉**：泛指地热谷、龙凤、凤凰、湖山里、行义路等十余处温泉。而狭义的新北投温泉主要是指环绕"北投温泉亲水公园"四周的中山路、光明路、新民路、泉

源路一带，此地温泉旅馆规模较大、数量最为集中，自然人文资源也最丰富。

■**亿载金城**：又称大炮台，位于台南市安平区。1875年，钦差大臣沈葆桢为抵御日本侵犯，聘请法国工程师设计、建造的一座城堡。城堡内配置有重炮，至今尚存一尊。

■**鹿港龙山寺**：台湾三大古刹之一，1672年为泉州人陈邦光筹巨金建造。该寺规模宏大，设99个门，有"台湾之艺术殿堂"之誉。

■**阳明山公园**：是台湾距离都会区最近的一座公园，泛指大屯山、七星山、纱帽山、小观音山所构成的山区，阳明山公园的景点很多，其中大屯自然公园、竹子湖、七星山、小油坑、擎天岗等比较有名。

■**故宫博物院**：建于1962年，是仿照北京故宫样式设计建筑的宫殿式建筑，台北故宫博物院吸收了中国传统的宫殿建筑形式，主体建筑分为四层，正院呈梅花形，是中国著名的历史与文化艺术史博物馆。馆藏25万件文物、10万卷古籍、14万册珍贵图书与档案。

■**西子湾**：南隔海峡与旗津岛相望，北傍万寿山，是一处由平滩和浅沙所构成的海水浴场，以及以夕阳美景及天然礁石闻名的海湾，依山临海、风景宜人。

—特色产品—

香蕉、菠萝、柑橘并称三大优质果品，樟脑、香料称雄世界，大甲席、大甲帽畅销全球。南投埔里镇为世界最大蝴蝶标本供应中心，蝴蝶工艺画令世人倾倒。高雄六合夜市贝类海鲜及"山河肉"品味甚佳。

—风味美食—

台北的美食多为小吃，分散在各种街边小店和各大夜市。有牛肉面、蚵仔煎、盐酥鸡、卤肉饭、小笼包、凤梨酥、太阳饼等。高雄著名夜市有六合夜市和瑞丰夜市，六合夜市各种本地的可口美食琳琅满目，经济实惠。主要卖点是平价、家庭式的牛排套餐。

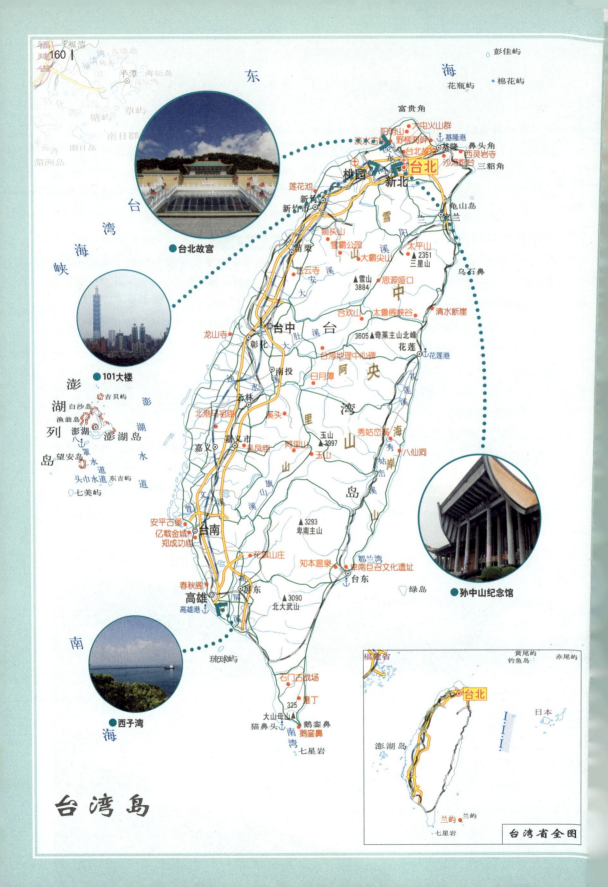

东 海

彭佳屿

花瓶屿　棉花屿

福建省

台 湾 海 峡

富贵角

阳明山　大屯火山群
淡水古迹　野柳鼻头岬　基隆港
台北故宫　基隆　鼻头角
桃园　**台北**　西灵岩寺
新北　沙仑炮台　三貂角
莲花池
新竹　龟山岛
新竹市　宜兰

台北故宫

狮头山
苗栗　雪霸公园　太平山
大霸尖山　三星山
法云寺　雪山　乌石鼻
雪山　思源哑口
3884　中
合欢山　太鲁阁峡谷　清水断崖
台中　央

101大楼

龙山寺　彰化　3605▲奇莱主山北峰
花莲
台湾地理中心碑　花莲港
南投　山
日月潭　阿

澎
湖
列
岛

白沙岛
吉贝屿
渔翁岛　澎湖
澎湖岛　湖
水
道
望安岛　水道　东吉屿
头巾水道

斗六　里
北港妈祖庙　溪头
嘉义市　玉山　秀姑峦溪　海
嘉义　吴凤庙　阿里山　3997　八仙洞
玉山　山　姑
旗山溪　峦
溪

孙中山纪念馆

七美屿

安平古堡
亿载金城　▲3293
郑成功庙　台南　卑南主山
花旗山庄
知本温泉　都兰湾
春秋阁　卑南巨石文化遗址
高雄　屏东　台东
高雄港　▲3090　绿岛
北大武山

西子湾

南

海

琉球屿

石门古战场
垦丁
325
大山母山▲
猫鼻头　鹅銮鼻
南　鹅銮鼻
湾　七星岩

台湾岛

福建省　黄尾屿
钓鱼岛　赤尾屿
台北
日本
澎湖群岛
兰屿　兰屿
七星岩

台湾省全图